云南百位历史名人传记丛书

中共云南省委宣传部◎编

云南出版集团

云南人民出版社

图书在版编目（CIP）数据

古滇大姓——爨氏 / 街顺宝著. -- 昆明：云南人民出版社, 2015.11
（云南百位历史名人传记丛书）
ISBN 978-7-222-13799-8

Ⅰ.①古… Ⅱ.①街… Ⅲ.①氏族谱系－研究－云南省 Ⅳ.①K820.9

中国版本图书馆CIP数据核字(2015)第255086号

出 品 人：李 维
刘大伟
责任编辑：段金华
装帧设计：马 滨
责任校对：谢学军
责任印制：杨 立

书名 **古滇大姓——爨氏**
作者 街顺宝 著
出版 云南出版集团 云南人民出版社
发行 云南人民出版社
社址 昆明市环城西路609号
邮编 650034
网址 http：//ynpress.yunshow.com
E-mail ynrms@sina.com
开本 889mm×1194mm 1/32
印张 8
字数 150千
版次 2015年12月第1版第1次印刷
印刷 昆明卓林包装印刷有限公司
书号 ISBN 978-7-222-13799-8
定价 28.00元

如有图书质量与相关问题请与我社联系
审校部电话0871-64164626 印制科电话0871-64191534

云南百位历史名人传记丛书

编委会名单

总 序

丛书编委会

历史长河浩浩荡荡！中华文明自滥觞至汇聚千流，涵纳万水，奔腾迭起，云蒸霞蔚，延五千年之长史，至今生机勃然，是迄今世界上唯一保持完整且衍传有序、光耀于人类的伟大文明。

习近平总书记指出：一个国家、一个民族的强盛，总是以文化兴盛为支撑的。中华民族是具有非凡创造力的民族，我们创造了伟大的中华文明，实现中华民族伟大复兴的中国梦，必须弘扬中国精神。以爱国主义为核心的民族精神，以改革创新为核心的时代精神，是兴国之魂，强国之魂。

云南，是祖国西南神奇、美丽、富饶的宝地，是中华文明中极具特质和创造潜力的丰美之乡。云南少数民族文化是中华民族文化的重要瑰宝。长期以来，云南大地上，各民族和睦与共，相濡相生，共同创造了色彩瑰丽、形态多元、底蕴厚重、影响深远的历史文化，为我们留下了珍贵的精神遗产。人，是历史的镜子，是历史最生动的环节，人民是历史的主人和创造主体。在人类历史的进程中，一个个不同时期的代表人物产生过一些不同的影响。“云南百位历史名人传记丛书”就是这样一丛历史的记录，一百位历史名人，虽未必尽能概全，各位历史人物的代表性也不尽相同，但都是“追梦人”，是振兴民族伟大理想的传薪人、探索者和实践家。

在这些代表人物中，无论是拓土开疆的将帅勇者，还是蹈海酬志的大国使节；无论是志于传播文明的鸿儒巨擘、先哲贤士，还是为民族独立解放而高歌猛进、慷慨捐躯的群雄英杰，都贯注了这一重要精神。正是以他们为代表的云南各族人民创造并抒写了可歌可泣的英雄史章，熔铸了坚韧不拔、奋为人先、包容博大、敢于担当的精神品质，才使云南在中华文明的长史中闪耀着特有的光辉。尤在近代中国，在辛亥护国风云中，在反对外辱保卫祖国边疆维护民族尊严、抗击日本法西斯侵略中，云南站在历史前台，以中华群雄的不屈身影演出了一幕幕豪迈悲壮的历史大戏，也更涌现了一批足以彪炳史册、光照后人的杰出人物。这一切，给予中国历史进程深远的影响。

今天，实现中华民族伟大复兴之梦，谱写富民强滇中国梦的云南篇章，需要以中华文化发展繁荣为重要条件，这就需要接续这一光荣而伟大的精神传统，在继承中创新，在创新中发展，在发展中超越。云南正处于一个新的历史起点上，需要大力挖掘历史文化资源，聚合更强大的精神动力，为推动我省科学发展、和谐发展、跨越发展凝心聚力。为此，我们组织省内外专家学者编写出版了“云南百位历史名人传记丛书”。这对加强我省各族人民，尤其是青年一代对历史的了解、认同，爱国爱乡爱民并甘于奉献，对提升优秀精神品质，形成团结奋斗的共同的思想基础，坚定推进富民强滇的信心和决心，显然有着重要的现实意义和切实的助力。

一百位历史人物，所处历史时期并不相同，其历史作用也有差异，甚至就个人的全面历史评断方面也难以等量趋同。但我们以为这些留存史迹的人物，所以传扬至今，为后世崇奉，均有他们共同的历史向度和价值取向，我们学习这些历史人物，至少应当着重于以下几个大的方面，即：“守大德、重大义、集大成、有大度、达大观”。

守大德，即恪守道德规范。“德者，本也。”（《礼记·大学》）“大德”既是国家民族的根本利益所在，也是中国文化中最核心的价值理念及标准。古语“行德则兴，背德则崩”，不仅是资政经验，也是个人修习完善的根基。所谓“厚德载物”，直观的理解，就是如果德行浅薄，是不能兴物成事，更不能造就伟大功业的。云南历史文化名人，大多以德立身，大节不移，并对此恪守坚定，一以贯之；始终保持正确信念和理想，并为之奋斗到底。这是我们首先要学习尊崇的。

重大义，即以国家民族利益的需要为个人行为取舍的标准。有大义，才有大爱。这些先贤无不爱云南爱乡土，以兴业乡梓、造福一方为己任。尤在国家民族命运攸关、生死存亡的关头，这些令人崇敬的先辈，大义擎天，逢难不避，敢于担当，责无旁贷，勇往直前，不惧牺牲。一个心存天下大公的人总会在不经意的一瞬决定大义的选择，这是社会进步的希望所在，更何况实现中华复兴的伟大梦想，还有很多异常艰危的事业在等待我们去克难攻坚。所以，举凡大义、为民为国、全身而进的精神是我们应当效法崇尚的。

集大成，“知类通达，强立而不反，谓之大成”。这些历史人物留下的足迹，予人深刻启迪。他们无论是出将入相，还是布衣一袭，均勤学不辍，求索不止，在追求真理和知识的道路上刻苦务实，义无反顾，永无终期，故能成大器，胜大任，不辱使命。今天，世界进入知识信息时代，软硬实力决定一个国家能否赢得发展机遇，乃至自立于强国之列的地位。其紧迫性不亚于先辈梦想中国富强的百年期许。但今天所谓“集大成”，是更高更大更具有生存挑战性和发展战略性的，是集世界之“大成”，集政治经济、科技文化、制度建设、社会发展等一切领域“总成”，玉成中国梦的空前伟大的事业。所以，先人刻苦自律、博学精进的学习精神我们应当秉持继承。

有大度，即要有开放包容的胸怀。云南历史文化名人的一个共通品质，也是一个显著特点就是，即使身处僻远，总能破除狭隘与陋见，以宏大度量，兼容并包，接纳先进，吸收优异，团结一切可以团结的力量，聚合一切可以聚合的资源，总成一股创造历史的宏大动力，来完成伟大的事业。哪怕是割股舍己，也在所不惜。今天，云南要实现跨越式发展，保持开放包容的胸怀尤其重要。所以，先辈"天下云南"的大度我们应当弘扬光大。

达大观，即要眼观天下，达察全局，与时俱进，审时知变，敢为人先。推动云南社会历史进步的代表人物，无不目光远大，胸怀全局，对世界潮流、时代嬗变，都能审视洞悉，并欣然顺应规律，故能在历史转折的关键时刻做出正确选择，成就改天换地的一番伟业。古语有"小智自私"、"达人大观"，是将为个人谋私的小智谋与担当天下兴亡的大智慧尖锐对比而言的。否则，"其兴也勃焉，其亡也忽焉"。一个为民为国而应用心智的人，必然有达观天下的心怀，也由此激发潜能、超迈寻常，而使人生境界也更加美好而宏丽。遍观世界文明史，许多影响人类进步的伟大创新，正是以此为动力和起点的。今天，中国经济社会的快速发展，国家的日益强大，正为实现中华民族伟大复兴的中国梦开拓了无限广阔的道路，也为个人实现自身价值创造着更加富实的前景。所以，先辈们达观天下的精神我们应当引为楷模。

我们对志向高远、仰观天下、俯察民情、甘为路石、慨当以慷、求真务实的历史名人，心存景仰，并愿与千千万万的读者，尤其是青年朋友一道学习弘扬。

组织编撰“云南百位历史名人传记丛书”是一项重要的文化工程，编撰出版人员都做出了艰苦的努力，但由于众手修书，书稿层次不一，成书体例难以做到完全一致，对存在的不足敬请读者批评指正，我们将虚心接受，并在修订再版时一并吸纳修改完善。

目录//MULU

目录//MULU

目录//MULU

目录//MULU

◆ 千秋伟业立乱世

◆ 数百年基业

目录//MULU

◆ 一个时代的终结

◆ 宗裔流芳

◆ 本门名人

目录//MULU

古碑再现家族历史

曲靖称爨乡，远则基于爨氏家族在这一带的长期活动历史，及由此留下的丰富文化遗存，近则以二爨碑作根本。所谓二爨碑也就是爨龙颜碑和爨宝子碑。

爨宝子碑和爨龙颜碑

爨宝子碑全称为晋故振威将军建宁太守爨府君之碑。碑为沙石质，碑首为半椭圆，整碑呈长方形。高183厘米，68厘米，厚21厘米。碑额题衔5行，每行3字，作“晋故振威将军建宁太守爨府君之碑”。碑文13行，每行7~30字；碑下端列职官题名13行，每行4字。全碑共400字。除题名末行最下一个字残缺外，其余均基本上完整清晰可见。碑左下方刻有咸丰二年七月曲靖知府邓尔恒的跋，记录碑的出土及移置经过。①

爨宝子碑拓片。

内容含其生平及颂扬之辞，还有职官题名。因爨宝子其人卒年甚早，仅二十三岁，所记事迹不多，但也弥足珍贵。

爨宝子碑于清乾隆四十三年（1778年）出土于今曲靖市麒麟区越州镇杨旗田，咸丰二年（1852）移置曲靖城内，现存曲靖第一中学内。

爨龙颜碑全称为宋故龙骧将军护镇蛮校尉宁州刺史邛都县侯爨使君之碑。碑高338厘米，宽146厘米。额上部是青龙、白虎、朱雀浮雕。下部正中有穿（洞），左右是日、月浮雕，日中有三足乌，月中有蟾蜍。额中穿，径五寸六分，穿上题六行，行四字，作：宋故龙骧将军、护镇蛮校尉、宁州刺史、邛都县侯爨使君之碑。碑阳文24行，行45字，计904字。碑阴为职官题名，题名分左右，凡三层，上层十五行，中层十七行，下层十六行，每行多至十字。②

碑现存陆良县马街镇薛官堡村斗阁寺，该村在陆良彩色沙林风景区附近。

碑文记述了爨氏得姓之由，迁徙南入经过，家世、职官承袭与爨龙颜生平事迹等，是研究爨氏家族历史的重要资料，也是云南历史研究的珍贵资料。

爨龙颜碑

因同属存世的爨氏家族遗碑，年代相去不远，同属珍贵文物，人们习惯合称二爨碑。又为方便区分，称爨龙颜碑为大爨碑，称爨宝子碑为小爨，是以碑的大小为名。原因在于爨龙颜碑碑体大，字数多，超爨宝子碑很多，区别明显。

爨宝子碑立于大亨四

年（405年）。爨龙颜碑为南朝刘宋大明二年（458年）立，爨道庆撰文，距今已超过1500年。以其久远的历史和珍贵价值，爨宝子碑和爨龙颜碑入列全国重点文物保护单位。

爨氏遗碑还有爨龙骧碑，1965年1月出土于陆良县南10里许坝岩上一古墓中，现存于云南省博物馆。碑高38厘米，宽48厘米。碑文共4行，行4～6字不等，内容极为简单，碑文为：

> 泰和五年，岁在辛未正月八日戊寅立，爨龙骧之墓。

孙太初考订立碑之泰和五年，应是六年之误，即东晋废帝太和六年，公元371年。[③]

千年后重现

爨龙颜碑在元代的《混一方舆胜览》在陆凉州人物条有著录，说爨龙颜，字士德，同乐县人，宋为宁州刺史，有碑在河纳县西。明万历年间的《云南通志》中也有记载。至清道光七年（1827年），云贵总督阮元在陆良贞元堡（即现在的薛官堡）访得，令知州张浩建亭保护，并写了跋语，其子阮福又将碑文收入所著《滇南古金石录》中，此碑才得以传播日广，为世人所熟知。《滇东风

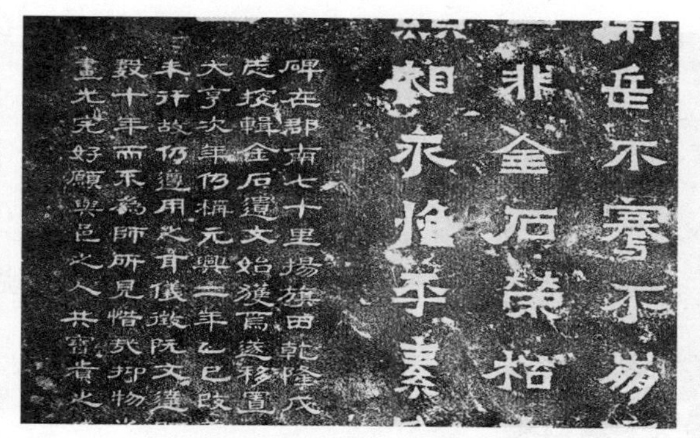

刻于爨宝子碑左下角的曲靖知府邓尔恒咸丰二年跋（局部）。

物》一书说：1980年，国家曾拨专款在陆良县城中的文化馆内建碑亭，拟迁入以为保护计，但搬迁未果。云南省文化厅后又拨款在原址建亭，就地保护。

至于爨宝子碑，历代并无记载。至咸丰二年（1852年），曲靖府知府邓尔恒访获，派人用牛车运回城内府中，后置于城中武侯祠。

1927年，胡若愚、张汝翼与龙云之间又爆发战争。被围困于曲靖城中的胡、张军曾将该碑撬去修筑工事，幸得城内一位靠拓售此碑帖为生的寒土张士元发现，搬回家中妥为保护，方免损失。1937年，当时的云南省教育厅拨款在曲靖中学内建亭存放，一至于今。④

承载一个时代的历史文化

爨宝子碑和爨龙颜碑的书法在隶楷之间，体现了隶

《历代碑帖法书选》本爨宝子碑页面。

书向楷书过渡的一种风格，还为汉字的演变和书法的研究提供了宝贵资料。其书法成就，也深受书法爱好者推崇。而其历史文化价值，则更受到重视。文人墨客多有题跋、称誉。

据方国瑜收集的资料，爨宝子碑前人题跋，有江宁邓尔恒（刻于碑之右角）、曲靖喻怀信（见光绪《云南通志》卷一一二）、太仓陆增祥（见《八琼室金石补证》）、钱塘吴士鉴（见《九钟精舍金石跋尾》甲编）、仪征汪鋆（见《十二砚斋金石过眼录》）、会稽李慈铭（见《越缦堂文集》卷七）、番禺黄炳堃（见《希古堂史集》、《希古堂文集》）、石屏袁嘉谷（见《滇绎》卷二）、腾冲李根源（见《景邃堂题跋》卷二）、姚安由云龙（见《定庵题跋》）等。⑤

爨龙颜前人题跋，有曲阜桂馥（见《札朴》卷十）、保山袁文揆（见《滇南文略》卷二十五）、武进陆耀通（见《金石续编》卷一）、仪征阮元（刻于碑左下角）、毕节邱均恩（刻于碑右角）、仪征阮福（见《滇南古金石录》）、乌程严可均（见《铁桥金石跋》卷一）、武威张澍（见《养素堂文集》卷十九）、独山莫友芝（见《金石笔识》、临海洪颐煊（见《平津馆读

爨龙颜碑上的阮元题记，
高度赞扬了碑的书法价值。

碑记三续》卷上）、仁和王言（见《金石基编补略》卷一）、太仓陆增祥（见《八琼室金石补正》卷十）、番禺黄炳堃（见《希古堂文集》）、会稽李慈铭（见《越缦堂文集》卷七）、山阴范寿铭（见《循园金石文字跋》卷一）、铜梁王瓘（见有正书局影印爨碑）、石屏袁嘉谷（见《滇绎》卷二）、新会梁启超（见《饮冰室合集》卷七十七）、腾冲李根源（见《景邃堂题跋》卷二）、姚安由云龙（见《定庵题跋》）。⑥

对两碑历史文化的全面、系统研究、评说，当然还得数方国瑜。

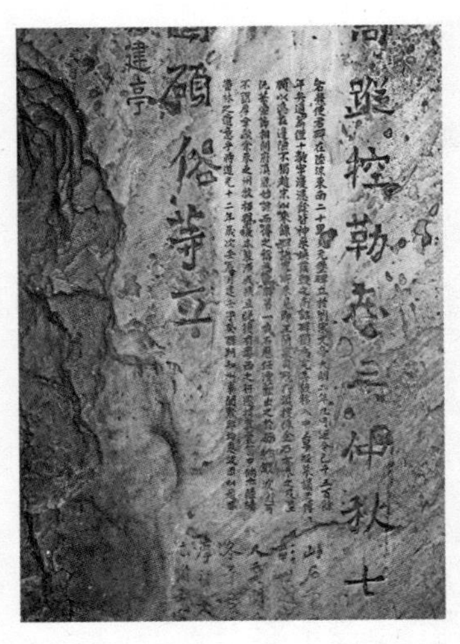

刻在爨龙颜碑上的邱均恩跋。

保存当时的地方历史资料和爨氏家历史资料，是爨宝子碑和爨龙颜碑的最重要的历史价值。爨龙颜碑由于内容多，记事详实，叙述家族历史脉络清晰，更体现其价值。通过爨龙颜碑，我们就可以知道其祖先的来源，知道其姓氏的来历，知道其祖先的艰难的迁徙历程，知道其家族的兴盛与荣耀。一通爨龙颜碑，不啻半部家族史。

碑里碑外多少神秘往事

至今存世的《爨龙颜碑》、《爨宝子碑》及文献记载的爨氏碑文，让爨氏的历史变得鲜活、生动。然而，毕竟是多年以后的回溯，碑文也留下了很多待解之迷。

据说是火神的后代

《爨龙颜碑》说：

其先世本颛顼之玄胄，才子祝融之渺胤也。

把爨氏的祖先追溯成了楚王的同族。颛顼、祝融与楚王族芈姓的关系，见于《史记·楚世家》，碑文大致也是传承此种说法。《史记·楚世家》就说楚人的之先祖出自黄帝之孙帝颛顼高阳氏，其后裔重黎，为帝喾高辛的火正，大有功绩，帝喾就称其为祝融。按照《史记集解》虞翻的解释，祝为大，融为明也，祝融就是大光明的意思。从此成了火正的另一种称号，重黎之弟吴回继重黎为火正，也称祝融。吴回的儿子陆终生了六个儿子，最小的一个叫季连，就是楚人的先祖。

关于楚人的族源，史家讨论深入，观点也多。由于出发点不同，各自的观点自成一说，是研究中的正常现象。可以解决《爨龙颜碑》相关问题的重要一点，楚人源自黄帝(或说以黄帝为先祖的)部落集团，中国古代文献中记载明确，也较一致。除前引《史记·楚世家》外，《史记·五帝本纪》、《世本》、《大戴礼》等都说颛顼高阳是黄帝之孙，昌意之子。屈原《离骚》提到：

帝高阳之苗裔兮，朕皇考曰伯庸。

屈原为楚宗室之裔，认定为颛顼之后。这些都充分说明这是先秦以来的流行说法。

按照《史记·楚世家》的说法及《集解》的解释，祝融其实是一种职事，而非人名。《国语·郑语》也说：

黎为高辛氏火正，命之曰祝融。

《爨龙颜碑》称其为才子，不知所指何人，也不知所据何典；但楚为季连之后，与颛顼的关系则有明确的承继世系。《爨龙颜碑》说爨氏是祝融之后，恐怕是要说出自楚国的王族。

理不清的亲属关系

《爨龙颜碑》说爨氏说出自楚国的王族，主要是以班氏与楚王室的亲缘关系来说的。班氏与楚同姓，文献记载明确，《爨龙颜碑》的作者不会不知道。

《汉书·叙传》说班氏是楚令尹子文之后，其祖先与楚王室同姓。还说子文生下来就被丢弃在野外，是虎喂给他奶吃，才得以活下来。楚人称乳为谷，称虎为于菟，名字就叫成了谷于菟，子文是他的字。又说楚人谓虎为班，后来就成了子孙的姓氏。

既说称虎为于菟，又说称虎为班，显然有矛盾。《通志·氏族略》就解释成虎有斑纹，就以班为姓氏。恐怕也勉强。《风俗通义》说班姓是子文之子，楚令尹斗班的后裔。说明班姓由来，与斗班有关，而与子文无关。

至于北迁的由来及相关情况，班固也有明确的交代。《汉书·叙传》说秦灭楚之后，班氏就迁到晋、代之间居住。而《汉书·地理志》说襄陵有班氏乡亭。襄陵县属河东郡，说明河东郡之地，也即爨氏的故乡，确有不少班姓氏居住。

《爨龙颜碑》所述班氏先世、班氏来源诸说，都有典据，但班氏分支为爨氏之说，却未见任何文献记载。⑦

《爨龙颜碑》提到：

> 阳九运否，蝉蜕河东，逍遥中原。班彪删定《汉记》，班固续修《道训》。爰及汉末，采邑于爨，因氏族焉。姻娅媾于公族，振缨蕃乎王室。

从其所述，采邑于爨，及改姓的发生年代已在东汉末年。而《后汉书·班彪传》说：

> 班彪字叔皮，扶风安陵人也。祖况，成帝时为越骑校尉。父稚，哀帝时为广平太守。

则班氏一家，早已迁离河东，两汉之交，早已为扶风籍。

《汉书·叙传》说：

> （班）壹生孺。孺为任侠，州郡歌之。孺生长，官至上谷守。长生回，以茂林为长子令。回生况，举孝廉为郎，积功劳，至上河农都尉，大司农奏课连最，入为左曹越骑校尉。成帝之初，女为婕妤，致仕就第，资累千金，徒昌陵。昌陵后罢，大臣名家皆占数于长安。

说明汉成帝就已迁离河东原籍。况生三子名伯、斿、稚，班彪就是班稚的儿子。

《后汉书·马援传》说：

> 马援字文渊，扶风茂陵人也。其先赵奢为赵将，号曰马服君，子孙因为氏。武帝时，以吏二千石自邯郸徙焉。

以故改姓有例可循，但班氏早已外徙，不居原地，且班姓有承，不云改姓。

爨姓的来历

《爨龙颜碑》说：

> 爰及汉末，采邑于爨，因氏族焉。

按照这种说法，爨姓的来源是以居住地为姓氏。似乎是说这家因为在一个叫爨的地方安家，子孙才以爨为姓氏。

然而，我们发现在爨氏的祖居地安邑或河东地区，战国时代就已有爨姓人活动。据《战国策·魏策》记载，魏王曾赏赐过巴宁、爨襄两个人田各十万。他们是魏将公叔痤的手下。公叔痤浍北大败韩、赵军，魏王很高兴，说要以上等田百万赏他。他说打胜杖不是他一个人的功劳，特别提到巴宁、爨襄的功绩，两人因此受到重赏。爨襄由于此次战役受赏而成了爨姓见于史载最早的人。

有人认为，《战国策》既然载爨襄立功受奖的事，说明这一带早在先秦时期就已有爨姓。河东郡在战国为魏地，安邑还曾为魏都。爨襄得田十万，可能就在这一带。南迁的大姓爨氏，及很多南中大姓，都称是河东人，则大姓爨氏与爨襄同出一家，并非不可能。

不能相信记忆

《爨龙颜碑》提到的先祖爨肃，是有文献可考的历史人物。（唐）林宝《元和姓纂》说：

爨氏望出晋昌，后汉河南尹肃，见谢承《后汉书》。

说明林宝尚能确认爨肃为晋昌人。然而，要说清他与南中大姓爨氏的关系，以现在能找到的文献资料，并没有可能性。

按《爨龙颜碑》那个时代的习惯，一般报姓名、家世，都要报籍贯。《爨龙颜碑》碑阴的职官题名，都有籍贯。但《爨龙颜碑》只说："蝉蜕河东，逍遥中原。"未明确其原籍所在县。

有学者早已提到，《爨龙颜碑》说爨肃之后，《通典》说晋乱之时，两个时代都晚。因为东汉末年，南中已有爨姓，不应在晋朝，亦不应在爨肃之后。说是爨肃之后，不过是因他是知名人士而攀附。⑧

爨氏在家族史追溯中出现的太多错乱、矛盾，足以说明其家族对这一问题本身并没有明白、可靠的书面记载或口碑传递，只不过撰写碑文时根据大致的记忆加上夸张、附会成文。

来自河东可以肯定，其余的说法则未必可靠。唐宋人记述其家世，往往加上“白云”二字，实际上就表现了强烈的怀疑态度。

从爨氏地位传承看，爨龙颜和爨守忠显系同一家族。但从《爨龙颜碑》与《爨守忠碑》，看不出他们之间有什么关系。记述祖先，只提远祖，不叙传承，只上溯三四代。且两碑人物明显系同族，但所记先祖及事迹也不尽能对应，说明此时，没有叙谱牒的风气，或因来历并非荣耀而故意作避讳。所以，不能因为碑文没有提到爨习，就说他与爨龙颜和爨守忠不是同一家族的人。《爨龙颜碑》和《爨守忠碑》比较，除所述迁徙南入的时间大致相当外，很少能相对应。《爨龙颜碑》祖爨肃，南迁到南中以后到爨龙颜已历九世，但没有说南迁者即爨肃，只能算时间。《爨守忠碑》是先祖是爨暹，而其为《爨龙颜碑》所不知，不合情理。

《爨龙颜碑》为南朝刘宋大明二年(458年) 立石，其本人卒于此前12年，距南迁时间有200年左右，每代在20年左右，以代数计，大致可通。《爨守忠碑》祖暹，十二世传到守忠，《爨守忠碑》说其人卒于贞元二年（786年），自264年起算，计522年，每代长达44年。显然不是事实，存在缺漏或失误。

大姓南移，初无教育，元和中（84～87年）王阜为太守，始在益州郡兴学校，渐迁其俗。如果来得早，200年多可能没有正规教育。谱系不能正常记录，是可能的。大姓认的是家族与姓氏，因不涉及承袭，很可能没有理谱系的习惯。从碑文只记三代能看出一些问题。如从云南梁堆墓目前已知的情况看，出土碑刻以孟孝琚碑为最早，但已在东汉，《爨龙颜碑》立于南朝宋大明二年，为公元458年，距汉武帝最初向益州郡移民，已过500年，如何能记其祖先。

有汉字铭文的内地器物在南中地区的大量出现与内地移民大量进入有直接关系

移民文化的出现

进入东汉以后，在原有的本地文化逐渐退出历史舞台的同时，与内地相同的汉文化的出现，成了典型的文化变迁特征。内地汉文化也在原来的西南夷地区迅速铺开，与政府的大力推进有密切关系。这种文化的承载者，是新来的内地移民，新文化是移民带来的。这种新文化的在广大的原西南夷地区密集出现，说明移民已广泛分布，深入各地。

文化变迁与新移民文化的出现

文化变迁在考古学文化方面的反映非常明显。如在滇池地区，青铜遗存作为一种考古学文化，在东汉初期已不复存在。石寨山文化在滇池地区大地上经过1000余年时间的发生、发展、鼎盛至衰亡、转变的过程，从此销声匿迹。滇池地区进人了另一个崭新的历史时期，其考古学文化，转变成了另一种表现形式。葬于地下的竖穴土坑墓完全被一种突出于地表的具有巨大封土堆的砖室或石室的梁堆墓所取代，墓葬出现了由埋在地下向凸出于地表的转变。在随葬器物方面，原来该地区典型的陶器和青铜器等完全不见了，取而代之的是完全另外一类风格的遗物：如小口卷沿、厚胎鼓肩罐，仓、灶、井、水田模型……[9]

这种变迁并晃限于石寨山文化，在整个西南地区，在西汉时期已列入政府控制区域，设置了郡县的地方，都普遍存在。

由于滇王突然失踪，滇文化又在东汉初年突然消亡，有人就怀疑滇国有民族变异的可能。其实滇文化的消亡是被汉文化取代的，滇王消亡也与汉族势力的深入有关，民族变异的迹象难以找到。

《华阳国志·南中志》和《后汉书·西南夷列传》记载，汉武帝时司马相如与韩说开拓益州地盘，掠得牛、马、羊属三十万；东汉初年刘尚攻益州，掠得马三千匹。说明养马风气盛行，而到魏晋时期，这一带的生产、生活情况，和滇国时代没有多少变化，盛产马、牛、羊的生计特点未变，滇池驹、巴滇马等名产，就是继承了滇国养马的传统。

古时候有一本叫《襄阳记》的书，说襄阳以西五百三里的中卢山有一处地道，传说汉时曾以有白马数匹出从中出来，得名白马穴。到三国时的东吴大将陆逊攻打襄阳的时候，据说又出来了数十匹马。马被带回建业，被蜀国使节中家在滇池的五部兵看到，认出已故父亲所乘的马。睹物伤怀，还对马流泪。[10]所谓五部兵，就是《华阳国志·南中志》所说五部青羌，诸葛亮所选用的南中劲卒，也即滇池地区的叟人，是滇池地区出产名主人。

《三国志·蜀志·李恢传》就说：

> 赋出叟濮，耕牛战马，金银犀革，充继军资，于时费用不乏。

说明叟人、濮人地区，产马不少。《华阳国志·南中志》把西汉武帝元封二年郭昌、卫广攻益州一事的起因说成是“叟反”，是认为当时的滇国人，就是三国时期的叟人。

原有文化的特点各有不同，代之而起的新文化，则都大致相同，说明引发变迁原因一致，都是因为新进入的汉文化催生了一个时代的文化变迁浪潮。

在云南，这种新引入的文化，过去习惯称梁堆墓文化。梁堆墓的地表部分有巨大的封土堆，当地百姓称作梁王堆、粮堆或梁堆，学术界使用的梁堆墓一名，来自过去的民间称法。

从昭通、曲靖、昆明、大理直到保山，都有梁堆墓分布。⑪

无论从装殓、棺椁、随葬器物、起坟立碑、合葬、归葬、改葬、祔葬等礼俗看，还是从云南梁堆墓的形制、葬具、葬式、随葬器物的演变看，或是从随葬器物的形制、花纹、款识看，都和内地一样，并无显著不同。

从装殓、下葬到起坟树碑，一整套习俗和内地汉族一样，看不出任何少数民族特点。和内地同时出现的画像、石刻，题材也都是传统的汉文化。

梁堆墓所反映出来的丧礼习俗，和内地并无根本区别，在史书中都能得到验证。梁堆墓文化特征明显，其与内地汉文化的密切联系，显而易见。⑫

生活用具有铜釜、甑、豆、盘、壶、盉、鐎斗、耳杯、案、碗、洗、镜、印章等物；兵器有铁剑、环首刀、弩机；明器有铜摇钱树、陶仓、灶、水田模具等；钱币以五铢、大钱五十、直百五铢；饰物有金银指约、银手镯、铜带钩等物。洗多见铸“朱提”、“堂狼”等铭文，还发现铸“蜀郡”、“千万”、“成都”等字的铁锄。出土器物的汉文化的特征也是一目了然。

无论生产工具、生活用具、兵器或钱币，其形年

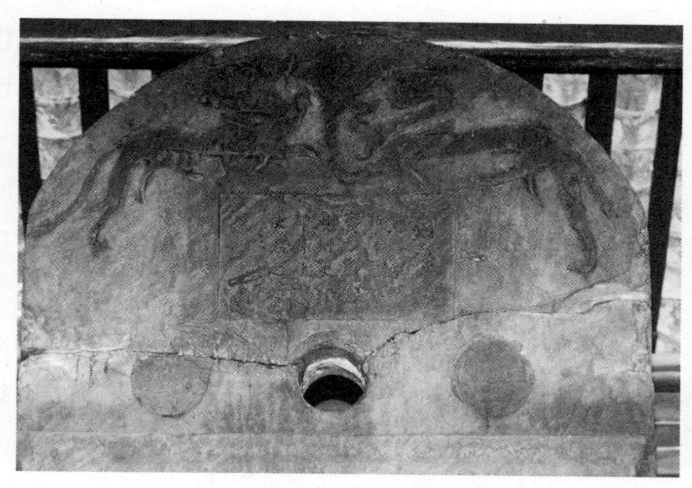

爨龙颜碑碑额上的青龙白虎雕像。

同、花纹、款识，与内地并无不同。从墓的画像石刻中的青龙、白虎、朱雀、玄武及西王母故事等题材，同样是来自内地的汉族文化。⑬

梁堆墓文化是相当成熟、纯粹的汉文化，不会有人怀疑。在几乎同步的情况，若以接受汉文化论，汉化到如此纯粹的地步，是不可能的。⑭

这一文化的墓主人除少数官吏外，都是汉族移民后裔，也即后来所说的南中大姓。⑮与内地文化高度的一致性，除了说明他们是移民之外，也说明他们一直与内地保持密切联系。

儒士学人出现在南中

《后汉书·西南夷列传》说东汉桓帝时（147

年～167年），曾官至荆州刺史牂柯郡人尹珍从汝南许慎、应奉学经书、图纬等学问有成，还乡里教授，南中地区开始有和内地一样的汉学。

《华阳国志·南中志》也有相同的记载，只是把时间说成“明、章之世”（58～68年）。《华阳国志·益梁宁三州先汉以来士女名目录》载尹珍是毋敛县人。

《华阳国志·南中志》又说平夷傅宝、夜郎尹贡亦有名德，号称南州人士。说明尹珍以后，这种文化传统得到发扬，内地儒家文化已落地生根。其他的南中地区儒学发展情况虽然提的不多，但从《孟孝琚碑》及之后的两爨碑等所体现的水平看，也不会太差。

与巴蜀等内地相同的大姓文化

移民势力在南中兴起，大姓是典型代表。《华阳国志·南中志》对各地的大姓，有一些记录，但明显不全。提到永昌郡有大姓陈氏、赵氏、杨氏，朱提郡有朱、鲁、雷、兴、仇、递、高、李八姓，建宁郡大姓有毛、李，同乐县大姓爨氏。

南中地区的大姓活动记录，最先出现在牂柯郡，在两汉之交。《后汉书·西南夷列传》和《华阳国志·南中志》都提到，牂柯郡大姓龙、傅、尹、董几家，与郡功曹谢暹联合，在两汉交替的年代，坚守郡界，抵制公孙述，说明已有很大的势力。

《华阳国志·南中志》说诸葛亮南征之后，为维持地方稳定，分化夷人力量，把移南中最骁勇善战的万余家迁到巴蜀地区，分五部立营，组成家族式军队。这些人战无不胜，无人能敌，当时号称飞军。而一些弱势的家族，则被分给大姓焦、雍、娄、爨、孟、量、毛、李做部曲，设置五部都尉，称作“五子”，被选中的大姓，只能当地最强势的家族，早有根基。

年代比两爨碑更早的孟孝琚碑（拓片）。

大姓不是南中特产，同一时期的巴、蜀和其他一些地方也有。由于经济更发达，社会更开放，巴蜀等地的大姓，远较当时的南中地区更多，几乎每县都有。

《华阳国志》说临江县大有姓严、甘、文、杨、杜，垫江县有黎、夏、杜，阆中县大姓有三狐、五马、蒲、赵、任、黄、严，南充国县有大姓侯、谯氏，安汉县有大姓陈、范、阎、赵，南郑县有大姓李、郑、赵氏，成都县有大姓柳、杜、张、赵、郭、杨氏，各地大姓极多。《华阳国志》说刘焉乱杀大姓巴郡太守王咸、李权等

十余人以立威刑，说明东汉后期，巴蜀地区的大姓很有社会影响，以致刘焉让认为，可以用打击大姓的办法起到杀

碑在昭通郡南十里白泥井馬氏舍旁光緒二十七年九月出土同里胡茂才國楨為余言之因偕往觀石高五尺廣二尺八寸側刻龍形各一下刻物形若龜蛇其文辭古茂字畫遒勁方之滇中古刻遠過兩爨諸碑之上雖碑首斷闕間有泐痕年代無攷然以文字揆之應在漢魏之間非兩晉六朝後物洵可寶也遂移置城中鳳池書院藏書樓下俾諸肄閒以俟博雅嗜古君子鑒訂焉是歲十一月朔日郡人謝崇基跋

图　孟孝琚碑谢崇基跋。强调该碑早于两爨碑而更加珍贵。汉文化从昭通方向传入，而孟氏在这里更早受到影响，与文献记载相合。

一儆百的作用，建立威信。延熙十三年，车骑将军邓芝还镇压过涪陵郡大姓徐巨反叛，也说明徐氏势力不小。

封建时代最基层的组织形式都是家庭和家族，血缘关系是这种组织的基本特征。中国的血缘关系，都以姓氏反映出来。姓表示血缘关系，宗族或家族的亲缘关系，反映在相同姓氏上。地主势力的发展，建立在家族势力凝聚、发展基础上。

所谓大姓，是指各地势力最盛的那些豪强地主家族。比较接近的说法，还有强族、豪族、豪姓等。如三国初煽动反蜀的雍闿的身份，《三国志·蜀书·后主传》、《三同志·吴书·步骘传》、《华阳国志·南中志》、《水经·存水注》作大姓，《三国志·吴书·士燮传》作豪姓，《三国志·蜀书·刘璋传》作豪率，《三国志·蜀书·张裔传》作耆帅，用字不同，意思却是一样。

大姓势力的形成，与当时的经济体制及其他的政策措施有关。大姓各地都有，只是称法不同而已。南中有大姓，并非自己产生，从名称到组织形式等诸多方面，都来自内地。这种组织形式是从内地扩展边疆，在具有相同经济结构的移民中发展。其文化渊源在内地，最初的发展动因也与内地相同。只是在后来的发展过程中，加入了更多南中地区民族文化与社会环境的影响，出现了有别于内地的发展方向。

与内地不同，南中地区出现大姓的组织形式，具有保障移民的自身安全与政治经济利益的特殊职能。当时西南许多民族都流行掳掠人口，保障人身安全极为重要。不管是逃亡的军士还是流落人口，或是其他的什么人，要在这一地区生存，都需要组织保护。反过来说，任何人都必须投靠一定的势力，才能很好地生活。在乱世，这种投靠和保护就显得更为重要。各种势力都只有壮大自己的力量，才能争取到更好的生存条件和发展空间。最初的移民，得到政府的有效保护，但在改朝换代之后，这种关系会出现问题，新政府对旧移民的态度会改变。并且，移民越来越多，政府的保护也变得不太可能跟得上。在这样的情况下，家族组织的自我保护，成了最可靠的保障。强势的家族，依靠自己的力量自我保护；而很多弱势的家族，恐怕只能与之形成依附关系，受其保护，成为其部曲。所谓大姓，是相对而言，说明他们在众多当地移民中的强势地位。

移民才开始进入的时候，民族矛盾大，针对移民的袭击很多，必须有组织，群体行动才能保证安全，并保证各种政治经济权利的实现。在这一时期，移民是政府在地方的主要依靠，所以，给他们更多的特权，扶持他们形成势力，与当时少数民族首领抗衡。

南中地区的大姓势力发展很快，到东汉末年，已出现权倾一方的雍、孟、爨等大姓。《三国志》提到李恢做建伶令的姑父爨习有违法行为，李恢受牵连该被免官，但太守董和却因爨习是当地大姓,把事情压了下来。董和隐忍姑息，不敢处分，足见其时大姓在地方的影响已很大。

《三国志·蜀书·张裔传》说“耆率雍闿恩信著于南土”，说明势力更大。据《三国志·吴书·士燮传》的记载，雍闿反蜀，在于孙吴策反，扰蜀后院，直接策动者就是士燮。因为有强大的民间势力，雍闿才可能与孙权遥相联络，杀益州郡杀太守正昂，与蜀汉对抗。

诸葛亮平定南中之后，给大姓更多的特权和优惠，给大姓势力的发展，带来一个绝佳的机遇。诸葛亮通过三项措施，强化了大姓势力。首先是把万余家最强悍的夷人迁离故土，削弱夷人整体实力。其次则把一些较弱的夷人分给几家最大的大姓作部曲。第三，则是允许大姓富豪出金帛，收买夷人为家部曲。作为鼓励措施，收买部曲多的，还可以世袭政府授予的管理部曲官职。形成大姓不仅拥有汉族部曲，还拥有夷人部曲的特殊局面。诸葛亮的这些措施，实际把大姓作为其在南的主要的依靠，用削弱夷人，扶持大姓的双重措施，让大姓有更好的发展条件。魏晋南北朝时期南中大姓兴盛、活跃，与诸葛亮这一政策的支持，有密切的关系。《华阳国志·南中志》把南中大姓都世代拥有部曲，当作是晋政府对南中大姓率部南征交趾的奖赏，并非事实。诸葛亮时代就已允许大姓拥有部曲，霍弋派遣南中大姓南征交趾后，政府对大姓部曲所给予的特权，主要体现在允许大姓拥有家族武装，并确定为世袭的特权。

这一点对后来大姓势力的发展有重要影响，大姓能以家族武装帮助政府对抗李成势力的进攻，或对抗李毅、王逊等官员的暴政，甚至乱世参与争夺地方霸权，都是这种特权养成的。

类似的特权绝无仅有，为了社会安定，内地一般不会给任何大姓以拥有武装的特权。

一迁再迁入南中

移民在政治、经济、文化、军事诸方面，对于新开辟地区统治的巩固与长久维持，意义重大。在新开辟地区，从维持基本的行政管理到完成巩固的政治管理体系，从已有长久政治一体化和文化统一基础地区的移民，是必不可少的重要措施。

从政治上来说，移民是推广政府政治思想，培养政治后备人才的基础。

从经济上来讲，移民提供地方军队与官员基本的经济支持。

从军事来看，移民是地方军队的人力资源来源。

从文化上讲，移民是普及政府主导文化，实现文化一体化的先期准备和文化基础。又是推广伦理道德，普施教化的人文基础。

所以，只要有条件，对新开辟地区的政治统治，移民都必要措施。移民有多少，移民的稳定率与移民的发展情况，也反映了政府在某一地区政治统治的巩固状况与影响深入水平。

新开辟地区的移民潮

由于地理环境上的诸多便利条件，历朝在西南地区的移民都显得积极。秦得巴蜀之初，就已开始向此地进行大规模的移民。《华阳国志·蜀志》说周赧王元年（公元前314年），秦惠王就因为“戎伯尚强”，移了万家秦民来巴蜀地区，以增强秦对这里的控制。这是西南地区最早移民记录。

其后向巴蜀地区的移民，虽无明确的年代记录，应该还有很多次，且数量也不在少数。《华阳国志·蜀志》还说然秦惠文、秦始皇在统一中国的过程中，常把六国豪富之家迁徙到蜀。卓王孙、程郑等是典型例子。卓王孙与程郑的故事，见于《史记·货殖列传》与《汉书·殖货志》的记载。按照《华阳国志·蜀志》的说法，巴蜀地区的经济文化的迅速发展，汉文化的迅速确立、发展，社会伦理道德规范的确立，都建立在大规模的移民基础之上。

汉代开辟、经营巴蜀以外的西南其他地区，也伴随着大量的移民，魏晋南北朝时期成为南中地区举足轻重的政治力量的大姓势力，都是自汉以后历朝向南中地区移民的后裔。

就整个西南地区的情况而论，移民的来源大致说来有政府组织的移民、自己迁徙、无奈的流落三大类。

政府组织的移民有屯田供军粮的商屯、维持地方政治统治和军事驻守需要的屯田移民、占领及推行教化目的的移民、戍守的军士滞留入籍、发配、流放等多种。严格地讲，发配、流放应包含在占领及推行教化目的的移民一类之中。

汉武帝时期经略西南夷地区，为了解决相关人员的粮食供给问题，政府采取了灵活的转移支付办法，就是让商人招募人员到夜郎地区屯田，就近供给修路者和其他工作人员，又从内地的政府财政中支付给商人相应的报酬。受雇去屯田的人都是迫于生计才应募南下屯田，多数人都可能留了下来，成了长久移民的先锋。

中央政府尽管设法减少在各地的驻军，但必要的军队还是得保留。西汉昭帝始元四年（公元前83年）是水衡都尉吕辟胡镇压益州郡西部的姑缯、叶榆一带起义，带的是郡兵。所谓“郡兵”，应当就是当时各郡的常备武装。郡的常备军，在西南地区当时的情况而言，除秦代已有统治基础的巴、蜀、广汉三郡外，其他地区都由从外地调遣屯戍的汉籍军士。

诸葛亮曾经说过若留外人，就要留兵，留兵就得有饭吃。[16]按当时的情况看，所谓外人，就是政府派遣的外来官员。已有数百年的经营基础，官员的安全仍觉得没有保障，西汉最初开拓西南时对军队的依赖就更大。

而要养活官员和军队，屯田也是主要办法。维持基本政治机构运转的这一类屯田，是政府主要的扶持的事项，也是政府最重的负担。西汉成帝河平二年（27年），杜钦就提到："屯田守之，费不可胜量。"[17]

要养活驻军，屯田的人数要求极多。以明代三守七屯的比例计算，至少要有多一辈的人屯田，才能供给军粮。常驻移民人口中，这一部分是大头。

据《爨龙颜碑》碑阴题名，左第一列有"屯兵参军雁门郡王"，第二列有"屯兵参军建宁爨孙记"。所谓屯兵参军，当是自汉相沿的郡县职官，是军屯制度到南北朝时期还有残余的痕迹。

许多人是以有罪、受惩罚等身份被政府强制迁徙而来。《华阳国志·南中志》就有汉武帝元封二年迁徙死罪及奸豪填实益州郡的记载。说明汉开辟西南诸郡之初，就把许多人流放到这里。最著名的数吕氏。秦代，吕不韦的子弟宗族被迁徙到蜀汉，汉武帝开西南夷，吕氏家族又被迁徙到了最边远地区，迁入地的县名被叫成了不韦县。[18]

发生战乱或自然灾害，造成人民流离失所，不得已四处逃难，是常有的事。《晋书·李雄载记》就说李特初入成都时，蜀地闹饥荒，连李特的手下也掘野芋充饥。蜀人被迫四处逃荒，或东下江阳，或南入南中七郡。《资治通鉴》记述其事，说：

> 蜀民或南人宁州，或东下荆州，城邑皆空，野无烟火。[19]

故乡在河东

南北朝至唐前期雄距西南一隅的爨氏，一般的史籍，都将其籍贯说成建宁郡，或作建宁郡同乐县。

《华阳国志·南中志》说：“同乐县，大姓爨氏。”

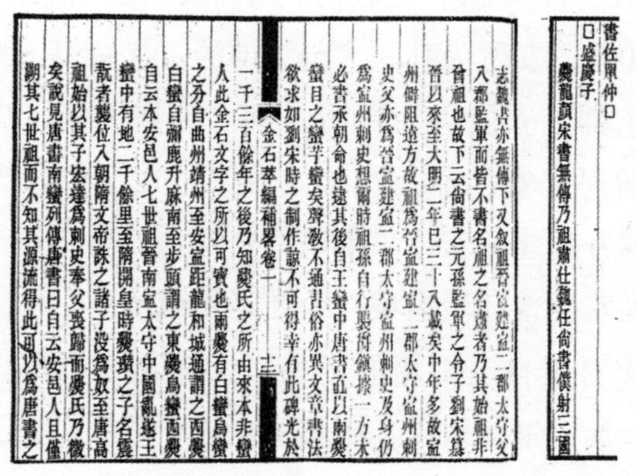

書佐單仲□
□盛慶子
爨龍顏宋書無傳乃祖肅仕魏任尚書僕射三國

志魏書亦無傳下又叙祖晉寧建寧二郡太守父
入郡監軍而皆不書名祖之名遠者乃其始祖非
晉祖也故下云尚書之元孫監軍之令子劉宋爨
晉以來至大明二年巳三十八載矣中年多故寧
州僻阻遠方故祖爲晉寧建寧二郡太守寧州刺
史父亦爲晉寧建寧二郡太守寧州刺史及身仍
爲寧州刺史想爾時祖孫自行署爵鎮據一方未
必書承朝命也逮其後自王蠻中唐書直以南爨
蠻目之蠻芋蠻矣聲教不通言俗亦異文章書法
欲求如劉宋時之制作諒不可得幸有此碑光於

金石萃編補畧卷一　十二

一千三百餘年之後乃知爨氏之所由來本非蠻
人此金石文字之所以可寶也兩爨有白蠻烏蠻
之分自曲州靖州至安寧距龍和城通謂之西爨
白蠻自彌鹿升麻南至步頭謂之東爨烏蠻西爨
自云本安邑人七世祖晉南寧太守中國亂遂王
蠻中有地二千餘里至隋開皇時爨翫之子名震
翫者襲位入朝隋文帝誅之諸子沒爲奴至唐高
祖始以其子宏達爲刺史奉父喪歸而爨氏乃徵
矣說見唐書南蠻列傳唐書曰自云安邑人且僅
溯其七世祖而不知其源流得此可以爲唐書之

《金石萃编补略》卷二爨龙颜碑题跋。把爨氏祖先不是南中地区土著民族当成了重要发现。

《爨龙颜碑》说：“君讳龙颜，字仕德，建宁同乐县人。”

说明按当时的户籍管理办法，他们是地地道道的南中本地人。

然而，还有很多文献，追到更早的时代，将他们的户籍当作外来入籍的移民户，还提供了他们移居南中之前的祖居地。

杜佑《通典》卷一八七、王溥《唐会要》卷九十八、《册府元龟》卷九百五十六、《太平御览》卷

七九一、《新唐书·南蛮传》等书，追溯西爨历史，都说他家自称原本是河东安邑人。

据《汉书·地理志》载，汉时设有河东郡，最早为秦置，汉沿秦治。领24县，安邑为其中之一，为郡治。王莽时曾改称河东县。在春秋战国时期一度为魏国都城。《续汉书·郡国志》也载有河东郡，说在洛阳西北500里；领20县，安邑为其一，仍为郡治。《晋书·地理志》也有河东郡，安邑仍为郡治。则《通典》、《唐会要》等书所谓河东安邑即指此县。古安邑在今山西省夏县一带。北魏分南北两安邑，隋以南安邑为安邑，在今运城东北。民国安邑曾迁治运城，今在运城市境内。

爨氏对于自己祖籍的记述，大而化之，都可以统一到河东。然于细枝末节，则颇多出入。前引载籍，俱载其自云系河东安邑人，而《爨守忠碑》则说祖先是河东汾阴人。同为爨氏，且以爨子华的家世看，与爨龙颜为同一家族，属前后承继关系。《汉书·地理志》载河东郡属县二十四，汾阴为其一。《魏土地记》说汾阴城在河东郡北八十里，[20]则距安邑不远，但各为一县。

《爨龙颜碑》也没有说明在河东的什么地方，提到“采邑于爨”，但其所说的爨在什么地方，因为没有史籍提到过这一地名，仍然是个谜。

《汉书·地理志》说王莽改称安邑为河东，似乎可以成为《爨龙颜碑》与《通典》对于爨氏祖籍的对应点，但安邑改称河东的时间很短，《爨龙颜碑》使用王莽所改名称的可能性有多少，也很难说。虽然都在河东郡，但与爨肃的籍贯不在一县，《爨守忠碑》更是连爨肃都没有提到。据《晋书·地理志》，晋昌为魏新置的新兴郡五个属县之一。晋昌在汾河上游，安邑、汾阴都在汾河下游，并不相邻。

在一次政府组织的大规模的移民中南迁

爨氏到底是什么时候南的呢？南中地区有很多人都说祖籍河东，应该是探求爨氏南迁时间的一个突破口。

爨氏追溯家族迁徙中的祖居地，无论文献，还是碑铭资料，都追溯到河东，已见前引。在云南古代史上，与爨氏同一时代，同样将祖居地追溯到河东有多家。

今大理凤仪一带，南诏时称渠敛赵，原称河东州，原因是说当地很多大族祖上是沮蒲州人迁徙至这里，河东州是以故乡河东命名。

沮蒲州无此地名，能与河东对应者有蒲州，当来自其地。

《隋书·地理志》载：

> 河东郡，后魏曰秦州，后周改曰蒲州。统县十……河东、桑泉、汾阴、龙门、芮城、安邑、夏、河北、猗氏、虞乡。

从《隋书·地理志》记载看，迁到渠敛赵的这些人，其祖籍虽未明确到县，大致的地域就与爨氏在同一地区。由此看，当年从蒲州来的人不少。

蒲州属后周至隋唐才有的建制，但其人不可能此时才来。这些既然称为白蛮，已被隋、唐的内地人看少数民族，在文化上肯定已带上很多的地方性与当地少数民族文化特征，与内地汉文化产生了明显的差异，显然南迁至此已久。追溯祖居地用唐时的建置，当是随建置变化改用。

《王仁求碑》全称《唐故使持节河东州刺史上护军王府君碑铭并序》，所谓河东州也是以故乡命名。

这么多人的祖籍都追溯到河东，说明他们都是来自一次有组织的大规模迁徙。被迁徙的原因都没有说明，我们只能认定是一次政府为占领及推行教化目的，而从一个地方向外进行的大规模移民。

再迁入南中

据《华阳国志·蜀志》记载，在公元前314年一年就迁徙了上万户人家填实巴蜀地区，说明移民的规模极大。迁来的这些秦人，思念故乡的泾水，还把迁入地一条江边设置的戍所改称泾口戍。天宝六年将该江改称秦水，在峨眉西南三百余里。

从此项记载看，秦时的移民采取的是成片集中迁徙

王仁求碑拓片。

的措施。又从临邛卓氏的事迹看，秦灭六国的过程中，为巩固新得巴蜀之地，曾迁移民的大量六国民众到巴蜀。

汉开西南夷，除从北方迁徙人口外，很大一部分可能是就近从巴蜀一带向南移民，这些人都是秦时从北方南迁巴蜀的，此时属二次迁徙，《蜀世谱》所载吕氏迁永昌就是典型例子。

我们可以推测爨氏及其他河东籍民众，都是来自年代已久的一次政府有组织的大规模迁徙。大规模移徙，通常发生于非常时期，开边或换代。

在西南地区，大规模移民发生在两个时期，即秦代对巴蜀的移民填实与两汉对巴蜀以外新开辟地区的移民屯戍。

《史记·货殖列传》说：

秦破赵，迁卓氏。卓氏见虏略，独夫妻推

> 辇，行诣迁处。诸迁虏少有余财，争与吏，求近处，处葭萌。唯卓氏曰："此地狭薄。吾闻汶山之下，沃野，下有蹲鸱，至死不饥。民工于市，易贾。"乃求远迁。致之临邛，大喜，即冶山鼓铸，运筹策，倾滇蜀之民，富至僮千人。田池射猎之乐，拟于人君。

从卓氏的经历可以看出，正如《华阳国志·蜀志》说的，秦的措施是在灭六国的过程中，打下一个国家，就从这个国家移民到疆少数民族地区，以巩固对这些地方统治，从很多人指故乡为河一事看，这些人的祖先，恐怕也和卓氏一样，在秦灭六国的过程即已被迁入巴蜀地区。很可能是秦灭魏国时迁到巴蜀，汉开西南夷后，又在再次南迁。汉开西南夷，又一次向南迁徙。《爨龙颜碑》既说"迁运庸蜀，流薄南入"，明显是经过了两次迁徙。

从永昌吕氏的例子可以看出，汉武帝在西南设置郡县之初，就开始有豪族大姓迁到南中。后来的很多大姓，恐怕迁来的时候就是以一个家族大规模迁徙。爨氏也恐怕不是白手起家，在南中发迹，而是以强大的家族被迁到南中，早有势力。

南迁年代

《爨龙颜碑》说：

> 乃祖肃，尚书仆射、河南尹，位均九列，舒翮中朝。迁运庸蜀，流薄南入。树安九世，千柯繁茂，万叶云兴。

没有明确具体的时间，但爨肃的生活年代，及传递九代的说法，已在魏晋之间。

而《爨守忠碑》说：

> 洎钟会叛死，邓艾忠殂。十二代祖逷，左迁是邦，世豪南夏。

钟会、邓艾之死，在魏咸熙元年（公元264年），已在魏并蜀之后。

如果只讨论这两块碑，就这个问题而言，似乎就是此时迁入南中的。但只要我们返回到历史文献的记载之中，就有一个极其矛盾的问题。在两碑所载爨氏先祖南入之前，南中已有爨氏，并且三国初年，已是颇有势力，根深蒂固的地方大姓。

对于时间上的这种差异，有人以爨龙颜家族与爨习家族是两个不同的家族来解释，但显然说不过去。

《华阳国志·南中志》说南中人经常说四姓五子也，作为强族大姓的代表。诸葛亮平定南中以后，在拥有夷、汉部曲的大姓焦、雍、娄、爨、孟、量、毛、李等大姓中间，设了五部都尉。在南中地区有五子之称，大概是只有五家当任五部都尉的统领。《华阳国志·南中志》说建宁郡有五部都尉、四姓及霍家部曲。说明四姓五子都是建宁郡人。

《华南国志·南中志》说：

> 自四姓子弟仕进，必先经都监。

太康五年（284年），设南夷校尉的时候，还同时给了一个“统五十八部夷族都监行事”的头衔，所谓都监，其实就是南夷校尉。《爨龙颜碑》称“乡望标于四姓”，即说是大姓之首。说明四姓的称法一直存在。

据《华阳国志》记载，梓潼县、新都县、南安县、江阳县、汉安县、德阳县都有四姓的排法。《晋书·范宁传》提到豫章“郡四姓子弟”，《梁书·张缅传》提到“四姓衣冠士子”，说明四姓的称法，在各地都有，不是南中独有的称法。据《魏书·官氏志》载，在太和十九年（公元496年），诏书中提到：

> 其穆、陆、贺、刘、楼、于、嵇、尉八姓，

皆太祖已降，勋著当世，位尽王公，灼然可知者，且下司州、吏部，勿充猥官，一同四姓。

说明四姓在那个时代是指社会认可的地方最显赫的族姓，除了社会认可，还可能得到政府的认可。

作为建宁爨氏首领的爨习，要说四姓五子的爨氏，不是他那个家族，显然不可能。《华阳国志》说爨习是建宁人，《爨龙颜碑》说爨氏是建宁同乐人，《爨宝子碑》说爨宝子是建宁同乐人，在所有文献记录中，爨氏在南中籍贯，都在建宁郡。要说历来为南中最强势力的大姓爨氏，与爨习不是一家，说不过去。在建宁郡同时存在两个都很强盛的爨氏家族，而彼此没有关系，显然不是事实。

到东汉末年，益州太守董和就因为爨习地方大姓，不敢追究他的违法行为，说明在地方上的影响已经很大。诸葛亮征服南中以后，收南中俊杰孟琰、孟获及爨习为官属，有人质羁押以控制南中大姓的用意，雍闿反蜀，爨氏恐怕是积极参与的大姓力量。

从《爨龙颜碑》对迁徙的过程记载，不过是在魏晋之交才到南中，也就是宁州和南夷校尉设置前不久。断不可能以新来的爨氏，挤垮原有的爨氏，占据其四姓地位的道理，只能说明碑文所说的迁徙年代不可信。强与名人爨肃扯上关系而搞乱迁徙年代，应该就是错乱的原因。

爨氏迁到建宁郡，要有相当长的时期，才能成为实力强到连太守也有所顾忌的大姓。大姓形成势力，人、财、物、权等方面都不能少，财雄势盛，需长期经营，仅有财还不够，必有人多，还需人才辈出，才能代代维持地位。这两者的完成，除了运道好之外，时间的累积必不可少。由此可见，三国初年已形成气候的爨氏，其迁入南中的时间已相当久远。

地名提示爨氏南迁时和谁在一起

要了解爨氏当初是进入了一个什么样的民族文化环境，接纳他们的是一些什么样的人，在什么样的民族文化环境发展壮大，看他们后来的文化走向，就可以一目了然。迁入地的原住民文化决定了爨氏后来的文化走向。他们为什么会有鬼主，又为什么会被称为白蛮等等等，看似很复杂，其实只要看一看爨氏区域的地名，就会立刻明白。

先秦时期的地名

安宁

安宁是入唐以后见于记载爨氏重要据点，爨崇道的两个兄弟爨日用和爨日进都驻这里。景泰《云南图经志书》卷一和正德《云南志》卷二都说安宁州得名于一个叫阿宁的人。说最初是因为东川彝族阿宁牵牛经过此地，牛舐地不去，发现并开发出了安宁一带的盐矿，就以他的名字称为阿宁部，后才改为安宁。

《汉书·地理志》载益州连然县有盐官，则应是汉以前即已开采，阿宁发现盐矿，在汉之前。《旧唐书·地理志》昆州下有安宁县，云是与州同置，应当就是用彝族名称，而不是使用汉语意思。而所谓东川，指六祖德施家言。

乌纳山

贵州彝族文文献《阿哲易地考》说乌那峨嘎，是默部发祥地。[21]《德施的基业》说默德施家在乌纳俄嘎，已发展壮大。[22]其他文献，说德施氏历史，也常会提到乌那峨嘎。

《元史·地理志》说呈贡是在至元十六年，割诏营、切龙、呈贡、雌甸、塔罗、和罗忽六城及乌纳山立县。《读史方舆纪要》卷一百十四则说乌纳山在废杨林县西南十里。因为有石头生得像马头，土人就以乌纳作山名。此乌纳山即《元史·地理志》之在呈贡者。乌纳为彝语，但不是马头的意思。“乌”意为头，而“纳”则是黑的意思。大概是因为这块像马头石头颜色较黑，故有此名。峨嘎的彝语意思就是大山，[23]乌那峨嘎其实就是此乌纳山。

阿哲辗转迁徙，历18世，到勿阿纳以后，才逐步到今贵州境内发展，说明是一个自东向西的迁徙过程。

前文已提到安宁得名由东川人阿宁，所谓东川，指阿芋陡家，同样属德施氏，说明这支人早期的活动，与滇池周围地区有密切关系。

易门

《元史·地理志》说易门县名自泉水名，本称洟源，却被讹读而写成易门。正德《云南志》卷二和《滇略》卷一都说易门县是过去昔乌蛮酋仲磨由的儿子所居之地。仲磨由即笃慕，其子即彝族六祖。说明有传说说六祖之一曾在这里居住过。

《汉书·地理志》记载而又流传至后的地名

谷昌

今昆明一带一直是爨氏的核心重镇，隋、唐政府任命爨氏首领为昆州刺史，都以原谷昌县所在的昆明坝子为名。

谷昌地名，首见于《汉书·地理志》，为益州郡24个属县之一。《华阳国志·南中志》说谷昌县是以汉武帝将军郭昌的名字命名，不可信。《云南志》卷六提到柘东城之东十余里有谷昌村，为汉谷昌王故地。恐怕不是信口乱说，而是来自民间传说。谷昌，上古音作**kloog thja**，[24]石林撒尼彝语称昆明作果扎，或译作葛绕，考虑彝语较少保留鼻音韵尾，可以确定果扎、葛绕就是谷昌的原始语音保留。

目则即毋棳

《汉书·地理志》有毋棳县，王莽曾改为有棳。《元史·地理志》临安路有蒙自县，说县名来自县境内的目则山。《大明一统志》卷八十六说目则山在蒙自县西三十里，百里外抬头就可以望见。《汉书·地理志》师古注说毋字的读音与无同，棳音之悦反，则毋棳与目则为同音异字。说明汉代的地名一直保留。有人说蒙自莲花山（今属个旧市），彝族语称为母祖白莫，意为天一样高的山，或祭天的高山，另一说为竹林旁的寨子。[25]以音作解，难详其意，但山仍旧名，则无疑。

古褒古即贲

《汉书·地理志》有贲古县，说其北面的采山出锡，西面的羊山出银、铅，南面的乌山出锡。

元代临安路属旧有舍资千户，《元史·地理志》说该地过去叫褒古，又叫部嫋踵甸，舍资是人名。明设安南长官司，在临安府东南百九十里。安南长官司遗址是蒙自县文物保护单位。在蒙自县老寨乡老寨村大黑山西麓，现残存建筑遗址，覆盆式柱础6个及残砖瓦堆积。[26]

《汉书·地理志》师古注说“贲”音“奔”，则《元史·地理志》之褒古，即《汉书·地理志》贲古。换字保留读音，说明该地名一直保留。

《新唐书·地理志》说龙武州以南为爨蛮安南地域，该地向北，八十三里至傥迟顿，八十里至洞澡水，百六十里至曲江，剑南地也。向南十五里至禄索州，五十里湯泉州，百八十里古涌步。没有说明爨蛮安南地域起始地点。《云南志》卷一说贾勇步以南地区，在大中初，都归属安南都护管。说明爨蛮安南境域，始于贾勇步。爨蛮安南地域在后来的安南长官司及以南地区，为古代的贲古县及以南地区。

夷休即喻献即俞元

《汉书·地理志》有俞元县，说有池在南，为桥水所出。唐代有喻献县，在滇池周围地区。故有人怀疑喻献即俞元之音字。[27]《元史·地理志》说阳宗县在明湖之南，《读史方舆纪要》卷一百十五说明湖又叫夷休湖，一名阳宗湖。则所谓夷休，疑与唐之喻献县地名有关。阳宗海称夷休湖，与喻献音近，于保留旧名而言，并非不可能。（正德）《云南志》卷六说阳宗县治东有黑柏城，一名输纳笼城。输即柏，纳为黑，译黑柏城为彝语直译汉语。此类地名保留，与夷休之保留喻献地名相类，说明有长期延续使用的文化条件。

唐以前的地名

盘江

《三国志·蜀志·李恢传》提到李恢得胜之后，乘胜追击，向四方扩大战果，南追到槃江，东追到牂柯，是槃江最早的记载。《永昌郡传》说盘江在兴古郡以北三百里，兴古郡在建宁南八百里。[28]《水经注》卷三十七则说盘水出律高县东南的盘町山，还记述了其向东的一些流经地。《三国志》所指的盘江不明，《永昌郡传》与《水经注》则明显是指现在的南盘江。

（景泰）《云南图经志书》卷二霑益州 山川说盘江有两条，一称盘裒，意为男水，即今之北盘江；一曰盘绛，意为妇水，即今之南盘江。盘裒、盘绛之名，说明江名来自彝语。“裒”指男人或丈夫，“绛”指妻子。将两条最后汇聚在一起的江想象成一对夫妻。贵州彝文文献提到南北盘江，称补益大河， 所谓盘江，即是补益音译。阿细彝语称南盘江，也相近， 都说明盘江名称就是来自彝语。也称阿着补益，则专指阿着仇家属地及附近的一段，而阿着仇家就是指爨氏。

江川

《水经注》卷三十六说在梁水郡南有梁水流入温水，刘禅分兴古之盘南立梁水郡，以梁水得名。

据《旧唐书·地理志》记载，武德七年（624年），析南宁州置西宁州，贞观八年（634年），改为黎州，领梁水、绛二县。则梁水始于蜀汉，唐仍保留。《南夷志》说量水川在滇池南两日行的地方，就是唐初原设的黎州。以水称州，知量水即梁水。

（正德）《云南志》卷六、《读史方舆纪要》卷一百十五、顾炎武《肇域志》都说江川汉时称碌云易城，又称易笼。易笼地名常见，彝族意为水城。但易笼应

江川境内重要景点孤山岛。

是省称，则全称当作碌云易笼。

所谓碌云易者，就是梁水或量水，碌云急读，音近梁或量，易意即水。按一般命名习惯，皆本原有地名，梁水当是译自彝称之碌云异，起源很早。

爨氏有梨（黎）州刺史爨曾、爨祺，爨崇道败于南诏，也是南逃黎州，为爨氏重要的腹心地区。

澂江

《元混一方舆胜览》说澂江称罗阁，汉语意思是虎迹，（景泰）《云南图经志书》则说罗阁既有虎迹的意思，还有虎道的意思。《读史方舆纪要》卷一百十五还说抚仙湖一名罗伽湖，一名清鱼戏月湖。《滇略》卷二说抚仙湖北有罗藏山，罗藏的意思是虎栅。还说之前曾有虎自碧鸡关一带渡滇池至罗藏山，当地人造栅以猎虎，而有山名。

罗阁、罗伽、罗藏也出一声，石林彝族称为鲁札[29]、里扎[30]，皆罗伽近音。在彝语释虎道、虎迹、虎栅皆通，故有数说，未必知其得名之由。《滇略》说有虎自碧鸡关一带渡滇池而来，当地人造栅以猎虎，而有山名，显然是传说，并不可信。能横渡滇池，恐怕已经是龙而不是虎了。

当地原有罗伽部，地名来源，与部名有关，而部名很可能是来自人名，后人不明所以，依词义作解，才会有多种解释。

强宗

正德《云南志》卷六阳宗县条说唐时一个叫强宗的些麽徒人据有这里，以人名称强宗部，后来变读，就成了阳宗部。

《元史·地理志》说罗伽甸最初就是麽些蛮（些麽徒）居住，后为僰蛮所夺。至大理段氏时期，些麽徒后裔又居此甸。正德《云南志》卷六河阳县条下说唐时就是麽些蛮（些麽徒）居地，后为叛蛮夺去，南诏在此设了河阳郡。河阳为澂江府附郭县，僰蛮夺地与叛蛮夺地，同指一事，指被南诏派来的洱海地区白蛮占去。《元史·地理志》江川县条说蒙氏叛唐，派白蛮据守其地。说明南诏东扩之前，这些一直就是些麽徒人居地。

元江

（唐）樊绰《云南志》卷四说：

当天宝中，东北自曲靖州，西南至宣城，邑

落相望，牛马被野。

《元混一方舆胜览》、万历《云南通志》、《滇略》、《明史·土司传》、顾祖禹《读史方舆纪要》等，皆载元江称惠笼甸。惠笼为典型的彝语地名，惠意为水塘、湖泊、海，笼意为城，甸意为坝子。笼译为城，甚明。宣之与惠，也有音变规律可循。宣字的发音由亘而来，亘音未变，而宣有变化。语言学家构拟汉语上古音时，宣拟shon，[31]s和h组成的复辅音声母，恐怕难读成一个音，只是表示变化音已存在。宣城之与惠笼对应，就是用了较早的h声母发音。

宣城即元明以后地志所载的惠笼，[32]说明此地名在唐以前即已存在。

《大元混一方舆胜览》、（景泰）《云南图经志书》、（万历）《云南通志》、《滇略》、《明史·土司传》、顾祖禹《读史方舆纪要》等书载元江称惠笼甸。元江还一种称法作罗盘甸（《元史·地理志》）、萝葡甸（《元史·世祖本纪》）、萝盘城（《元史·赛典赤赡思丁传》）、罗富甸（《招捕总录》）、椤槃甸（《寰宇通志》）及罗必甸、萝槃甸等，都同音异译。

又《寰宇通志》在因远罗必甸长官司条下说该地旧名椤槃甸，后来讹误成罗必甸。并说椤槃是一种本甸所产的花的名称。其实就是攀枝花，椤槃是南部方言彝语的攀枝花的音译，[33]椤槃（萝槃）甸的意思就是多攀枝花的坝子。元江称椤槃甸，[34]至今通用于彝族民间。

马龙他郎长官司

元代有马笼甸和他郎甸，后来合在一起设立了马龙他郎长官司。

正德《云南志》在新化州条下说马龙是山寨名，就在当时的马龙。又说他郎是少数民族语，哈尼语称阔恐阔落甸。马龙、他郎也是彝语，马龙指驻军之城，他郎为多松树的谷地。他郎和萝槃甸都是以物产命名。

礼社江

《圣朝混一方舆胜览》、《元一统志》、《明一统志》等书都记载有礼社江。礼社江即现在通常所说的红河，见元代记载，则是早已有此名。礼社江也是彝语，彝语音译也作里索邑。[35]也称红河以南的地方为里索，有的文献译云南哀牢山，[36]有译红河县[37]，皆由于此。

宣城（惠笼）、萝槃甸、礼社江等重要地名，并属彝语，说明自唐以来甚至更早的时代，主体居民皆属彝族。

嶍峨

今峨山县，以前称嶍峨，见于《元混一方舆胜览》、《元史·地理志》，也是彝语。峨山彝语称热各[38]，热对嶍，有音变，各与峨有音转，为唐宋时的特殊音读，如大理称鹤拓，实际是来自乾陀罗一样。[39]

玉溪

《元混一方舆胜览》说新兴称乃甸，研和称溪甸。彝语玉溪称尼底，[40]与乃甸为同音异字，除民间使用外，也常见于彝文文献。

通海

正德《云南志》通海县称尼郎，《滇略》说通海县

通海秀山公园大门上的“尼郎胜境”扁。

称阿赤尼郎。《元混一方舆胜览》说临安路称尼郎，此指通海，临安路治通海。通海秀山公园大门，现在仍悬一匾，作“尼郎胜境”。尼郎也是彝语地名，作尼姥[41]、尼喇[42]，皆近音字。民间尚用，常见于彝文文献。

河西

《元混一方舆胜览》说河西县称旭腊，《元史·地理志》说河西，称休腊。彝文文献《白夺书》提到舍郎大牛山，[43]舍郎即休腊。腊、郎指谷地，甸指平坝言。疑尼郎指较深之谷地，乃甸指较深之坝，以四周山形称之。休腊则为长谷。

建水

建水称惠𠫐，很多史志都记载。《元史·地理志》说建水城是唐元和年间蒙氏所筑。到每夏秋之季节，进入雨季，溪水暴涨，城边的低洼地带会汇水成泽，有如巨海，而有惠𠫐之名。惠的意思是海，𠫐的意思是大。

𠫐应读若而，而非同历音。《元史·地理志》武定路軍民府条和曲州条提到罗婺部祖先，都作阿𠫐，而（清）檀粹《武定风氏本末》作阿而，禄劝镌字岩摩崖石刻《凤公世系》也作阿而，[44]说明𠫐读若而。

这一读音也适用建水条，说明元的读音就是这样。

建水城南的焕文塔。

建水之彝语名称为黑俄㊺、侯矮，黑、侯意为海、湖、水塘，而俄、矮意为大，各地方音略有差别，即嶍（而）的对音。

《元混一方舆胜览》则说建水称输依，景泰《云南图经志书》则惠嶍、输依两名都收录。其实惠嶍、输依为同音异字。输依之对应于惠嶍，就是如同宣城对惠笼，应来自更早的记音。输和宣都对应于惠，就是海、湖的意思。而大一词，彝语各地方言，有近矮的，也有近依的，㊻输依之“依”，以方言不同会有一定的读音差异，意思是一样。

段思平建大理国，得到其舅爨判支持。大理建国后，爨判获封巴甸侯。通海、建水一带，有关他的遗迹和传说不少。爨判应该是原来的爨氏遗裔，一直生活在这一带，且有势力。

石屏

景泰《云南图经志书》和正德《云南志》都说石屏称旧忻，顾祖禹《读史方舆纪要》作旧欣，汉语意思都说是林麓。

石屏有石坪（石屏）、旧忻（欣）两名，前者已属汉译名。石屏南部牛街镇一带称石屏的彝族读音近“古欣”，旧字古音作g^{w}sm，㊼忻字则是用近音字。“古欣”意为将要进入林间的地方或城市，与林麓意近，可以确定就是指这一地名。

正德《云南志》和天启《滇志》都说石屏州秀山有砌碌石，还说砌意为鹿，碌意为石。砌碌之释鹿为砌，石为碌，则今也同，至今彝族仍称宝秀为砌碌。

富民

《元混一方胜览》、景泰《云南图经志书》称富民为利浪，《元史・地理志》、正德《云南志》作黎瀼，利浪、梨瀼皆同音异译，彝语称富民为鲁脑，㊽保留古代地名。

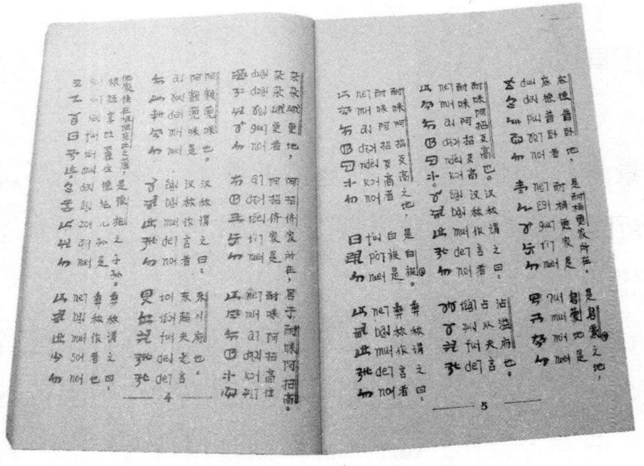

介绍彝语、汉语地名对应关系的一种彝文文献《彝汉城名记》，此为中央民族学院油印本页面。

楚雄

《元史·地理志》说楚雄称俄碌，《高生福墓志铭》说高生福“薨于礒碌故第”，《裴妥梅妮·苏嫫》提到俄罗，译注说俄罗地指楚雄[49]。俄碌之名，起源应更早，且长期延续使用。

滇东曲靖、马龙、陆良、寻甸等，也都是彝语地名。爨氏入籍的同乐县，同乐应是他郎的近音字，含义也相同。曲靖在其他部分有专门说明。其他一些没有延续性，有些年代不明，就去说了。以上只列举了一部分，但应该已能说明问题。

地方化——落地生根

移民的作用，是作为政府永久占据新开辟地区的人力资源、经济需求的最低支持，及人文精神、文化思想扩张、传播的物质基础与精神支柱。政府对新开辟地区都持永久占有的决心，要想方设法巩固军事开拓的成果。军队和官员都存在轮换，有来有去，没有办法完成永久固守的任务。移民的目的，就是用来完成永久固守的任务。移民的这一目的，决定了他们必需扎根迁入地的最终命运。

历朝政府当初移民的目的，是要移民成为政府在当地的依靠，成为外来政府势力的重要部分。然而，这种关系没能维持多久，外来移民与原住民很快形成共同的地方利益集团，回归到内、外两种关系的原始格局。移民不再是外来人，而成了本地人。从依靠政府，依附政府，迅速走向独立。走入落地生根，独立发展的过程。

不能变的身份

由于条件限制，政府对新纳入版图的少数民族地区，通常采用的都是羁縻之制。羁縻制度的主要特点，就是让当地的少数民族首领自行管其内部事务，政府官员因此也不会直接去管其属下的民众。在这样的情况下，政府官员直接管理的民众，主要就是外来移民。外来移民和当地人因此在有严格户籍区分。移民和原来的本土居民之间，自移民最初迁入之日起，从称谓上就有严格的区分。

这种区分表面上看似乎是体现为民族区别的认识，其本质却是户籍、义务和负担的不同，及管理机制和管理机构归属之别。一般人而言，移民归汉官管，夷民由夷帅管，各有所属，互不相混。对政府的责任和义务，也由户籍不同而体现为不同的表现方式。移民由地方官员直接管理，对其负责，承担政府规定的各种义务。夷民则不如此，他们通过自己的王、侯、夷帅等民族上层与政府发生联系，不直接对政府承担责任和义务。政府官员区分所谓的汉民与夷民，并不是建立在严格的民族识别和来源认定基础之上，更多的是建立户籍归属基础之上。

自汉至南北朝时期，对移民户的称谓不尽相同，称民，称齐民，称汉，称夏，或以朝代名称之，如晋、宋之类都有，主要在表达其属于编户齐民的相同概念。

称民之例

《汉书·章帝本纪》说建初二年（77年）三月永昌、越嶲、益州三郡民、夷讨伐哀牢人，镇压了哀牢王类牢反汉。

《三国志·蜀书·马忠传》说马忠把庲降都督驻地从平夷县移到了处在“民、夷之间”的味县。

《华阳国志·南中志》说由于战乱，米要一斗千钱，“民、夷困饿”，流离失所。景毅任益州太守后，安集民众，恢复生产，一斗米降到只要八钱。又说王逊恶衣菜食，“招集夷、民”。又说因汉末时夷、民共诅盟不再开采万寿县原有的井盐，当地就不再有盐出产。

称汉之例

《华阳国志》卷十说张翕的仁政爱民，汉、夷都很受用。又说“夷、汉胜叹”郑纯清廉，《华阳国志·南中志》则作“夷、汉歌咏”。《华阳国志·南中志》因庲降都督邓方轻财而果敢通毅，“夷、汉敬其威信。”

《后汉书·西南夷列传》说建初元年（76年）招募越嶲、益州、永昌三群夷、汉九千人讨伐哀牢王类牢。

《汉晋春秋》说诸葛亮要对孟获攻心，是听说夷、汉都服他。平定南中后，诸葛亮说不留兵，不运粮，只求纲纪粗定，夷、汉粗安。

称夏之例

《晋书·良吏传》提到杜轸任除建宁令，行仁德之政而“夷、夏悦服”。“夷、夏”意与“夷、汉”相同。

称晋之例

在晋朝时期，原称为汉的改称为晋。

《华阳国志·南中志》说因霍弋理政有方，处置允汉，“夷、晋安之”。又说王逊杀周昺、赵涛，“夷、晋莫不惶惧”。又太安元年（302年）孙辨说南中形势是“晋弱夷强”。《华阳国志》卷十一又说朱提太守王化“得夷、晋欢心”。

称宋之例

在南朝宋时期，原称为汉的改称为宋。如《爨龙颜碑》说他死后“黎庶痛悼，宋、夷伤怀”。

称齐民之例

《南齐书·州郡志》提到宁州齐民甚少。[49]

诸多名称中，夏是沿用先秦已有旧名。与边裔四夷之民相对，用以指中夏之人，是指讲汉语，遵循汉语言所承载的文化和价值观的人群。中国先秦到汉晋的族群认定中，文化和价值观起主导作用。很少追究种族区别，也不追溯相互关系。按照一些文献典籍的记述，楚、匈奴、蜀等许多族群都被说成黄帝后裔，越国则说是夏禹之后，但他们都被列入蛮、夷、戎、狄四夷之中，很能说明当时的族群认定标准。

民本是指一般的民众，但与夷相对，则体现为户籍管理归属的区别，及与此相联系的是否向政府缴纳赋税、是否对政府直接承担义务的区别。秦汉时期及之前，就已有普天之下，莫非王土的说法，强调天下都归当政的王朝，人当然也都是王的属民。但政府实际管理中，却不得不区分，将在册纳税的人称作民，也称为编户齐民。

其余汉、晋、宋诸名，也强调在册及向政府承担义务等特征。

严格的户籍管理，只有一个目的，是要让移民能永久居留下来。因此，虽然没有明确的记载，肯定有很多政策措施和优惠条件，以保障他们站稳脚跟，利于他们生存发展。这些优惠条件，都与户籍挂钩。

政权更替促进移民地方化

新开辟地区设立的新机构，建立和巩固地方行政机构，移民是基本的人力资源基础与文化依靠，是官员和军队力量的延伸。移民最初是被当作政府对新征服地区进行统治的政治机器的一部分。移民中养成大姓势力，固然是当时社会发展的总体水平和社会崇尚建立大家族的风气使然，也有政府刻意培植的因素，政府的意愿是在地方迅速养成他们认为靠得住的民众势力，作为巩固政治统治、扩展政治观念、推进文化影响的重要力量。

另一方面，移民进入一个全新的生存环境，其自身的生存和发展，也依赖于政府的扶持和军队的保护。在新开辟地区设立地方行政机构之初，政府官员、军队和移民被当作一个整体，构成政府的统治力量，和原有居民形成统治与被统治的两种对立的势力。

这是最初状态，但不是一个恒久不变的政治局面。

当时政府给予原住民的政治权利，是维持其原有的基本社会秩序和政治制度，保留原有王、侯等民族领袖的地位、权力，保留其原有的领地和势力范围。政府官员不直接插手其势力范围内的事务，而是通过民族上层完成政治统治。移民的来源本身，很多都带有因罪、因过错被流放，或因地位卑下被迁徙填实边地的性质，他们更多是以集中屯垦的方式居留下来，形成自己的固定社区，来完成自己被迁徙的任务。他们与原有居民各自有固定的社区，有不同组织管理机制，无法形成对原有居民的政治优势。这就使移民没有以统治民族和管理者的身份进入移居地，没有造成地位上的优势。

他们才来的时候是以官员和军队的延伸形式存在的，绝对服务于巩固新开辟地区统治的政治需要，成为原有居民的对立面。他们能支持官员和军队，也需要军队和官员的保护。

把移民安顿下来，完成最初的任务后，政府不能让他们一直维持在最简单生存状态下，要让他们在迁入地过上和内地百姓一样的生活，享受他们应有的生活权利。移民得到生产资料和生活资源后，逐步转入正常的生活。转入正常的社会生活后，他们与迁入地的原有居民都在相同的生活目标下生活，都为自己的生存和发展而努力。

政府为在移民中建立和内地相一致的社会秩序，将内地的经济制度推广到移民之中，支持移民中有势力的家族发展成为迁入地的强势的地方政治、经济势力，形成移民中的豪门大族。和内地一样，除拥有土地和其他经济资源外，政府允许这些强有力的豪门大族收容平民为家族的属民，使他们在土地、经济资源和人力资源等方面形成更宏大的规模。南中大姓迅速形成势力，与政府的政策支持有密切关系。政府扶持大姓的最早出发点，除适应当时整个国家的生产力发展水平外，也不排除有政治方面的考虑。是要扶持大姓势力，对抗夷帅势力，从民间层面稳定政府对新开辟地区的政治统治。

大姓有自己的利益，有自己生存发展的客观需要，而不是政府简单的政治工具，政府最初的设想往往成为一厢情愿的事。随着时间的推移，大姓与政府间的利益冲突日渐显露，两者间的关系越来越疏远，大姓的独立性日趋明朗。这是他们从移民身份转到当地居民身份，落地生根，完成地方化的过程。

移民到新地方以后，他们就失去了原来的内地户口。也就表示他们与原来的户籍所在地已没有了任何关系，他们生存和发展的希望全都转到了迁入地。在这样的情况下，就很难再让他们不顾一切，唯官员之命是听。生存需求压力，发展的愿望，使其从官员的附属物变成了一种独立的势力。在地方政治生活取得一席之地，争得较多的政治话语权，已成为他们努力的方向。到东汉末年，官员在地方进行政治管理，已不能不考虑大姓的势力和他们的利益。

长期居留下来之后，移民与原住民之间出现了更多以地缘关系为基础的共同的利益，使他们逐步走到一起，彼此间的关系变得更密切。这种关系变化，最早的推动力是内地政府的政权更迭。由于地处边远，新政权是否能重新恢复对这些地方的统治，多长时间能恢复，也都往往要打上问号。内地政府的支持和帮助，常常会指望不上。诸多的不确定性，往往把原来的移民置于被抛弃的边缘。他们唯一的出路，只能是靠自己。

并且，一旦早先让他们移民的政权被推翻，新政府对他们看法肯定会有变化，对他们的态度也会变。原来的各种优惠政策也会失效，毕竟他们不是这个政权迁移来的。新政权派来的官员，又要以内地政府利益为主处理问题。如果处理不好，往往会伤及地方利益。这一伤，也伤到了居留下来的移民，使他们不得不和当地原住民联合，共同维护地方利益。这样，历史来了一个轮回，从政府与夷人两种力量，变成夷人、移民与政府官员三种力量，最后又变成当地人与政府两力量，移民和大姓从一方走向另一方，回归到自己本该有的生活形态。他们的生活，也从原来被动为政治服务变成主动谋求自己的生存和发展。

外来移民变身南中人的过程

移民后裔如何变成南中本地人，从起义参与者的变化，可以看得很清楚。自汉到唐，从起义事件的参与者和目标指向来说，有三个发展阶段。第一阶段都是夷反抗汉官。第二阶段是夷、汉联合反抗官府，主导可能是夷帅，也可能是大姓。第三阶段则是一致对外。

第一阶段从汉武帝开拓西南夷地区二十余年后始，

至东汉后期。

孝昭始元元年（公元前86年），有益州郡廉头、姑缯起义，又有牂柯群谈指、同并等二十四邑共三万余人起义反汉。不久都被镇压。过了三年，姑缯、叶榆又爆发起义。

王莽篡位称帝后，贬鉤町王以为侯。鉤町王邯表示不满，牂柯太守周钦就阴谋杀害了鉤町王邯。邯弟承起兵杀周钦。大家都不满王莽乱来，欺压少数民族，益州郡、牂柯郡等地，在天凤元年（14年）形成大规模反王莽起义浪潮，益州太守程隆败死。

进入东汉以后，建武十八年（42年），夷帅栋蚕和姑复、叶榆、弄栋、连然、滇池、建伶等地的昆明人及其他部族起义，范围从今滇西洱海周围直抵滇东的滇池周围地区。

建初元年（97年）有哀牢王类牢反汉。

到元初五年（119年），卷夷大牛种封离等起义。第二年，永昌郡、益州郡、蜀郡夷皆起来响应封离，有十余万之众。

这一时期起义反抗事件还不止于此，但其参与者的成分都一致，只有夷人。起义的目标也较单纯，有很多次起义，文献明确记载是官员苛刻虐待和严酷盘剥所致，其起义的目的就是反抗暴政，反抗压迫。

第二阶段从东汉末年开始，延至南北朝前期。

与第一阶段夷人单独反抗官府的情况不同，最大的特点是移民后裔参加到了起义行列之中。代表性事件是三国初年的反蜀事件和西晋时期反抗李毅、王逊等官员暴政的斗争。

蜀汉先先主刘备死后不久，越嶲叟帅高定元杀郡将焦璜，在越嶲郡称王反蜀。益州郡、牂柯郡的反蜀首脑则是汉族，益州是大姓雍闿杀太守正昂反蜀，牂柯郡则是郡丞朱提人朱褒。

除大姓、夷帅等人能明确参与者的身份外，《华阳国志·南中志》所谓“夷、汉也思反善”，已说明参与者的民族构成。

对抗李毅、王逊等官员，是已有很好的沟通，相处关系融洽，利益关系密切的条件下进行的。这时的移民后裔，不仅是地方化的问题，已有较多的夷化趋向。

第三阶段则是完全地方化阶段。居住既久，移民后裔已不再认为自己是内地人，已经变成了南中本地人。又由于南北朝时期内地政权长期无力顾及南中地区，出现南中自己发展的局面。移民中的大姓势力，不仅站稳脚跟，且得到很好的发展。大姓与夷帅之间，形成地方势力相互争雄的局面。由于长期隔绝，到南北朝后期，移民后裔即便说自己祖籍在内地，文献也往往加上“自云”的字眼，强调他们的这类说法是自称，大有不信的意味。

云南爨文（彝文）遗存的典型代表——禄劝镌字岩彝文摩刻

当地民族化——借力发展

隋唐时期出现乌、白蛮的关联族称，是数百年沟通、交融的而形成共同的族群认知的重要体现。从历史文献中，不难看出南中地区汉族移民当地民族化的客观存在，摸到其发展变化的脉络。爨氏的发展，从这一方面得到了诸多的助力。搞好民族关系，建立民族认同，成了爨氏立足南中最重要的一环。

当地民族化的具体体现

盟诅成为共同的文化

《华阳国志·南中志》说：

味县，（建宁）郡治，有明月社，夷、晋不奉官，则官与共盟于此社也。

从此看来，政府在宁州州治所在的味县，设立专门的场所，以供官府与汉民、夷民之间约定、盟誓之用，说明盟诅的方法在南中的夷人、汉人中极其流行，并影响到了政府官员的政治管理与政治决策。

盟指通过带有一定宗教仪式性质的程序完成约定，建立和维系彼此的密切关系。诅是指赌咒，也结盟仪式中的重要内容，就是在神面前郑重许诺遵守约定，否则神、天不佑，人人共惩。有人的誓言，还加上神明的见证，从意识和思想深处加深对其人们的约束力，也表示大家一定坚守约定的决心。

当时的盟诅内容，记载缺如，不得其详。但其大致的形式，可以唐代异牟寻与唐的誓文作范本，作为参考。除了陈述事情原委的部分外，其余约定和设誓的部分，就是一般盟诅的基本内容。汉晋时期的做法也与此相类，只是看事设定具体内容。其约定的条款组成和遵循约定的宣誓，也可以成为范本，区别在于这项誓文用文字记录下来，而多数的盟誓都用口头形式。

《华阳国志·南中志》说：

（夷人）其俗征巫鬼，好诅盟，投石结草，官常以盟诅要之。

说明盟诅是夷人的固有文化传统，是他们处理部族内外各事务，维系社会关系的重要手段。盟诅主要用于处理与不归官员直接管理，不能直接对其下达命令的部族或侯、王国的关系。官员采用这种方法，一方面强调其尊重当地夷人的传统，用其原有的制度维系与他们的政治关系；另一方面则说明夷人文化的影响很大，官员也不能不遵循其旧法。

《华阳国志·南中志》汉末时夷、汉共同诅盟封万寿县盐井的例子，说明汉族移民后裔很早就已接受了盟诅这种当地固有文化。

假鬼教——接受宗教礼仪的体现

《三国志·蜀书·张裔传》说：

先是，益州郡杀太守正昂，耆率雍闿恩信着

> 于南土，使命周旋，远通孙权。乃以裔为益州太守，径往至郡。闿遂趑趄不宾，假鬼教曰：“张府君如瓠壶，外虽泽而内实粗，不足杀，令缚与吴。”于是遂送裔于权。

《华阳国志·南中志》也有类似的记载。

雍闿是雍齿之后，本为与汉高祖刘邦同乡的汉族。先迁蜀，不知何时又迁入南中。

鬼教的具体内容，文献记录欠缺，难以确说，但据上述记载，应该是夷人的一种宗教组织形式。

雍闿当时是南中反蜀军队的最大首领，处置蜀汉派来的太守，还得经过鬼教的程序，说明这宗教组织形式已由夷人影响及汉族移民后裔，通行南中社会之中，是汉族移民接受夷人文化的重要表现。

所谓假鬼教，要么就假托鬼教习惯，要不就借用鬼教势力，再就通过鬼教组织、仪式等等，都以参加或遵循其教义为前提，能利用鬼教的前提是其本身要认可、参加这种组织，并且要在其中有话语权。雍闿说张裔的一段话，与鬼教的组织和仪轨本身看不出有什么关系，反而是一种鼓动措施与政治策略。张裔的能力、人品并并非重点，他被送给东吴，其实是出于政治考虑。东吴策动他们反蜀， 而他们又送到东吴，其实起到明确阵线，共同对事件负责的目的。只是后来诸葛亮南征时，东吴无力援手，才以势单力孤而致失败。由此事足以看出，当时已出现文化认同。

南人引夷经——说明已接受夷人文化

《华阳国志·南中志》说：

> 今南人言论，虽学者也半引夷经。

后人对《华阳国志·南中志》的夷经，有不同看法，有人认为那不是成文经典，只是一些口传心授口碑文献，也有人认为是成文的典籍。饱学之士也要引夷经，说明夷经的内容丰富，涵盖社会生活的各个方面，能时常用得上。另一方面则说明外来移民后裔学习夷经已极有成效。各方面对比，夷强汉弱是南中地区的大势。掌握夷人的文化，才能适应在当时的南中地区的生活，是学夷经的推动力。大姓等移民后裔学习夷经是适应夷人文化的主导的文化环境的体现。学夷经的结果，使大姓在文化上与内地出现越来越大的差距，走向当地民族化。

促成民族认同的夷人家族入籍仪式

《华阳国志·南中志》说：

> 与夷为姓曰遑耶，诸姓为自有耶。世乱犯

> 法，辄依之藏匿。或曰：有为官所法，夷或为报仇。与夷至厚者谓之百世遑耶，恩若骨肉，为其逋逃之薮。故南人轻为祸变，恃此也。

这一段话，对于理解当时的民族关系相当重要，它讲述的是大姓与夷人家族建立生死与共的亲密关系的程序问题，是理解大姓与夷帅关系的重要一环。

"与夷为姓"就是加入某一夷帅家族，除拥有自己的大姓身份外，还在夷人群体内部拥有一个夷人家族的身份，夷人内部认可他们拥有一个夷人的身份，也认可他们属于某一个家族或家支。大姓自有姓，建立这种关系似乎也无须改变这一情况，它所要求的是建立在原有的亲密关系基础上的正式的入籍仪式。表明大姓已加入夷人的某个家族，成为这个家族中特殊的汉族成员。后来大姓被称为白蛮，与他们拥有夷人家族族籍有很大的关系。实际上，入籍过程就表明他们已有承认为夷人中的一部分的心里愿意，而夷人也接纳他们，完成了双方族群认知的统一。

简单地说，双方达成共识，大姓加入夷人的某一家族，他们就承认是夷人；而夷人愿意接收他们加入自己的家族，在自己和其他的夷也都得承认这些大姓是夷人。后世这样的典型例子已无从寻找，但凉山彝族中，同样名称的家支，有的是黑彝，有的是白彝，或许能成为一种例证。誓死保护遑耶的利益，甚至不惜与政府对抗，是历史上确实存在的事实。李诜、李猛、李叡三家大姓的遑耶，在三家被迫害、打击时，为其说情，直至直接起兵围攻南夷校尉李毅，就是典型的例子。《华阳国志·南中志》所谓“恩若骨肉”，就是情同父子，亲如兄弟的意思。家族内部，生死相依，荣辱与共，乃是本分。夷帅既然做到了这一点，遑耶关系的实质也就再明白不过。恩若骨肉一语，姻亲无法解释，结盟交友更不足论。友在于身，无法传递，且不定于一人一家。姻亲也不定于一家，不可能家家拼命。最牢固的关系只存在于加入家族，一方面是一对一，固定，另一方面，也能实现互助关系。彝族社会，什么关系也比不上家支或家族。

爨氏有鬼主——完成夷化的重要标志

在唐代的文献记载中，家族观念的夷化，各地的进程有差异。大致而言，东部走得快，西部较缓慢。这方面最典型的例子就是鬼制度在大姓中的流行，及深入影响其政治生活。以文献所载的唐时情况看，鬼主制度是当时乌蛮中最具代表性的家族制度。由于家族势力的扩大，鬼主制度又发展成了一种政权组织形式。

《新唐书·南蛮传》说：

> 夷人尚鬼，谓主祭者为鬼主，每岁户出一牛或一羊，就其家祭之。

此话听起来玄乎其玄，其实所谓鬼，就是家族的已故祖先，而祭鬼也就是家族祖先祭祀。对主祭者，容易产生误解。从当时的实际情况看，主祭者并不是指主持祭祀仪式的宗教人士，而是指组织这种祭祀活动的家族首领。

樊绰《云南志》说东爨乌蛮大部落有大鬼主，百家二百家小部落亦有小鬼主。《新唐书·南蛮传》也有类似的记载。说明鬼主这种组织形式，已形成完善的体系。

大鬼主、小鬼主的出现，有两个原因。一方面，家族内部存在不断分化的问题。大家追溯到一个较远的祖先，其后人就多，形成一个很大的家族。其下又不断传递，其子子孙孙就形成不断分化的派生小家族。就祭祀祖先，近到祖、父，远至大家共同承认，能约齐祭祀的远祖，其祭祀都要求有人出面组织，就出现了由小到大，为数众多的大小鬼主。为了有效组织各个层次的祭祀活动，又须有各级别的大小组织者，直至最高一级的鬼主，形成一个金字塔式的鬼主组织。由于组织严密，管理有效，在另一方面讲，它又兼有政权组织的性质。《新唐书·南蛮传》说两林部被大家推举为最大首领，称都大鬼主。则都鬼主已超出家族范围，有盟主的性质，是两林、勿邓、丰琶等邻近势力中公推的盟主。

鬼主制度中最重要的一项内容是组织军事活动。《新唐书·南蛮传》说：

送鬼迎鬼必有兵，因以复仇云。

祭祖活动中武装送祖一类的活动，后世彝族中一直保留，容易理解。但这种活动的起源与功能，从后世的活动中已无法追寻。实际上，祭祖与军事应该没有时间上的连续性，并不是祭祖之后立即就开展军事行动。因为这是大规模集中人员的机会，商讨事务、约定规范、决定行动、处置内外诸事，在家族层面上是最好的机会。而能约齐的家族，都是建立在有共同利益，能集中行动的范围之内，能议能定，也有较好的执行能力。这种情况的顺利发展，家族组织就有了政治组织和军事组织的性质。不一定是祭祖之时即发动军事行动，而是军事行动可以通过这一组织机构达成一致，集中力量，统一行动。

大姓之中，历史文献中提到有鬼主的是爨氏。《南诏德化碑》提到螺山大鬼主爨彦昌、南宁州大鬼主爨崇道，《新唐书·南蛮传》提到两爨大鬼主崇道，《敕安南首领爨仁哲书》作南宁州司马威州刺史都大鬼主爨崇道。从这些有限的资料，也可以看出，爨氏内部已出现完整的组织严密，层次明晰的鬼主制度。无论说南宁州大鬼主、两爨大鬼主，还是都大鬼主，爨崇道都是爨氏家族中最大的鬼主，爨彦昌等则是下一层次的鬼主。爨崇道是爨归王的哥哥爨摩湴的儿子，爨崇道成为爨氏家族中最大的鬼主，是因为他是爨氏嫡宗长房。

大姓中出现鬼主制度，被当作夷化极度深刻的标志，是因为这一制度是当时彝族文化深层结构。接受彝族文化到这一程度，他们与的彝族本身，也没有太大的差别。

族称改变不淹没民族渊源——白蛮都称是汉族后裔

只要我们认真分析一下唐代白蛮的情况，就可以很清楚的看出，他们就是原来的大姓及其属下的内地汉族移民。他们保留了很多共同的文化特点，而这些文化特点都是建立在汉文化基础之上的。

白蛮都称是汉族后裔

《通典》卷一八七、《资治通鉴》卷一九九、《唐会要》、《新唐书·南蛮传》所录的松外蛮（西洱河蛮）自称祖先是汉人。《通典》、《新唐书·南蛮传》、《册府元龟》等书提到西爨，都说原本是河东安邑人。樊绰《云南志》卷五说以王、杨、李、赵为大族的渠敛赵，自称是沮蒲州人迁涉至此。称河东州，就是以故乡河东作州名。《王仁求碑》说其胄出于太原，却冠河东之名，来源也可能就在河东。樊绰《云南志》说河蛮本西洱河人，也是将其根本当汉人，但说“今呼为河蛮”，则樊绰著书时，已被当作少数民族。

风俗之别

葬俗方面，白蛮与乌蛮的区别了表现得极其明显。樊绰《云南志》卷四说西爨和白蛮的人死后，要在三日内下葬，还要照汉族的规矩修造坟墓。有钱人还会在坟地周围栽杉、松。乌蛮则是实行火葬，没有坟墓。

《通典》卷一八七说：

> 松外诸蛮……至於死丧哭泣，棺椁袭敛，无不毕备。三年之内，穿地为坎，殡於舍侧，上作小屋。三年而後，出而葬之，蠡蚌封棺，令其耐湿。父母死，皆斩衰布衣，远者至四五年，近者二三年，然后即吉。

作松外蛮是错的，其实是西洱河蛮，就是《云南志》说的河蛮。所述葬俗基本就和樊绰《云南志》一样，只是描述更加详细。说明依汉法为墓是所有白蛮墓葬的基本特征。

汉文化水平与汉民族认知相符

从《孟孝琚碑》、《爨宝子碑》《爨龙颜碑》、《王仁求碑》等的内容看，他们的汉文化水平都很高，与他们来自内地的汉民族族群认知相符。杜佑《通典》卷一八七说杨、李、赵、董为名家的松外诸蛮（西洱河蛮），都自称其祖先本是汉人。说的话虽有一些小的讹舛，大致与内地汉族相同。还董汉文，还精通阴阳历数等知识。这与他们自称是汉人的族群认知相合。

爨氏夷化过程

唐人说爨氏是白蛮，是说他们是蛮这一族群中的一部分。后来彝族称为爨人，是名从其王，把首领的姓氏当作族称，则也是把爨氏当作彝族中的一员。外部的认知则是建立在这一基础之上的，唐人的记载一方面说他们是白蛮，一方面又强调他们都汉人的遗裔，并不是在故意贬低他们，或有其他意图，其实就是说明现实，强调历史，尊重变化。是以来自其自身内部的族称来称呼他们，说明蛮的族群认知是他们现在的现实。追溯历史，说明他们原是汉人，但那是过去。现在的现实，是他们在长期与内地疏于往来以后，在社会文化的诸多方面都发生了很大的变化，在族群归属方面的认知也有变化，已经不是可与内地人站在一个水平线上的汉人，而是与迁入地主体民族颇多相似的少数民族。

大姓——强族——土民——南宁夷——白蛮，从文献对爨氏称谓的改变，清楚展现了其夷化基本过程。

大姓与强族

据《三国志·蜀书·李恢传》、《华阳国志南中志》等书的记载，在东汉末年到三国两晋时期，爨氏是南中大姓中势力最强盛的一家。

《南齐书·州郡志》说宁州：

> 道远土瘠，蛮夷众多，齐民甚少。诸爨氏强族，恃远擅命，故数有土反之虞。

强族与大姓的含义相同。

土民

据《隋书·梁睿传》记载，北周末，梁睿上疏大丞相杨坚，建议就取蜀之势掠取南宁之地。梁睿上疏的原委，是说“唯南宁酋帅爨震恃远不宾”。疏中说自土民爨瓒遂窃据，其子承继至今，称爨氏为土民。两相对照，似有汉裔而为夷人酋长的意思。

南宁夷

《隋书·史万岁传》说南宁夷爨翫原已来降，被任命为昆州刺史，后来又不听号令，就派史万岁带兵去打。爨氏首领爨翫已被称为南宁夷，说明官府已不再认为他们是汉族，是一个根本性的变化。

西爨白蛮

到唐代，樊绰《云南志》、《新唐书·南蛮传》都称其为西爨白蛮。虽然樊绰《云南志》、《新唐书·南蛮传》对东爨、西爨的区域划分出入很大，但东爨为乌蛮，西爨为白蛮这一点上则是完全一致。樊绰《云南志》卷八说：

> 西爨及白蛮，三日内埋殡，依汉法为墓，稍富室广栽杉松。

樊绰《云南志》卷四已明说西爨是白蛮，按理不该再与白蛮分开记述，乍看起来，樊绰像是在画蛇添足，实则另有用意。除了说明爨区白蛮与西洱河地区白蛮不同之外，所说西爨，是用《通典》的说法，指爨氏家族及其属下的汉族移民后裔。

不一致的夷化进程

据《华阳国志·南中志》记载，诸葛亮平定南中后，把建宁人爨习、朱提人孟琰和孟获等人带回成都，委任其在蜀国的政府中做官。爨习最后当到了领军，孟琰当到辅汉将军，孟获当到御史中丞。

章太炎《蓟汉昌言》卷五认为御史中丞管监察，要威慑百僚，诸葛亮以孟获为御史中丞，是因为他是叟人，没有家族姻亲的关系的约束，可以远离朋党，公正行事。故认为孟获是夷人。这在逻辑上说不通。孟获本是南中人，在蜀不会太多的关系。同样到成都，假如认为汉人会结党，叟人无法结党的话，说明没法与人打交道，又怎么能开展工作，完成监察任务。所以，方国瑜则提出，孟获御史中丞的职守，是威摄百僚，若为夷人，在那时浓厚的大汉族主义气氛中，不能使百僚心服，诸葛亮不会如此重用。[50]

从文献史料，并不难发现孟获是南中汉族大姓身份。《汉晋春秋》说孟获为夷汉所服，说明在两边都有影响，但强调的他是汉人。

大姓雍闿联结东吴反蜀的时候，益州的夷人最初并没有参加。是雍闿派孟获去鼓动，才拉他们加入了反蜀队伍。鼓动的说辞是说蜀汉政府要来征收一些原本就不可能找到的东西，其中的一种是要三丈长的斫木三千棵。《华阳国志·南中志》说斫木硬度很高，但生性扭曲，高不过二丈，三丈长的斫木根本就不存在，孟获是在欺骗夷人。原文作“故获以欺夷”，足以说明孟获不是夷人。

《华阳国志·南中志》载，孟获最后对诸葛亮说

“边民长不为恶矣”，而《汉晋春秋》作“南人不复反矣”。此由也可以知道孟获的汉人身份。按照当时的户籍划分，夷不称民，称民、称汉，及后来称晋、称宋等，都是指汉族或移民户。所以，所谓边民，是站在南中汉族的立场说话，而不是代表所有的南中人。南人也是一样的意思，指汉族。

《华阳国志》多次提到南人，都是说汉族。说故南人称“四姓五子”，指大姓。南夷校尉大量收取夷财物，而说“南人以为饶”，是站在汉族立场说的。说南人称建宁郡治为屯下，也是一样。以其先祖李毅曾任宁州刺史，故李摅与南人有交情，恐怕也在强调与南中汉族的关系。说马忠死后，南人为之立祠，应该也是指汉族。说南人言论，就算饱学之士也“半引夷经”，就更不用说了。

《华阳国志·益梁宁三州先汉以来士女名目录》建宁人士载御史中丞孟获，又《华阳国志·南中志》称建宁孟获，知获为建宁郡人。统率夷汉部曲的是汉族大姓，《华阳国志·南中志》所谓的四姓五子有孟姓，应是孟获这一家。泰始元年出兵交趾，建宁孟姓有孟干、孟通、孟岳，都是世有部曲之大姓。孟通死在交趾，孟干被俘送至秣陵、逃回洛阳，孟岳不知下落。他们的生活年代在孟获之后，说明建宁孟氏很有势力。

孟氏为南中的强势家族，是滇东地区到唐代尚见记载的极少数地方势力之一，唐开元年间尚据有升麻县（今云南省嵩明、寻甸一带），唐玄宗《敕安南首领爨仁哲书》还专门提到升麻县令孟耽，其后南宁川都督爨归王杀孟氏父子，并有其地。但其后的发展态势，仍然进入夷化，无法保留其汉族移民的身份。

诸葛亮特别强调五月渡泸，也是说明兹事难为。只因诸葛亮身负国家重任，时间紧迫，只能冒死南下。这种急忙行事的做法，决定了诸葛亮此行的做事方法。他的目的只在稳住大局，其余的事可以让其他人去做。诸葛亮一生行事唯谨，没有必要，也没有时间开七擒孟获这一类的玩笑。

当时的客观形势，诸葛亮负军国之重，后方的不稳定因素很多，急于平息事端，早日回成都，他拖不起，也开不起这样的玩笑。

语言不通，文化差异很大，价值观不可能相同的夷人，擒纵之间就能对诸葛亮五体投地，岂不是天方夜谭，绝不可能。

七擒孟获传说的出现，不过是在说不太听话的南中大姓，恐怕是要笑话他们与巴蜀人为敌是不自量力。恐怕巴蜀与南中形成对抗局面时期的产物。

夷化是一个长期的历史过程，是一个文化上潜移默化，长期浸染而逐步形成的民族融合和文化转化过程。当时为大姓，和后裔为彝族之间，并不矛盾，这是一个有发展、有变化的历史过程。我们只能以当时的情况讨论历史问题，说孟获是汉族。至于说他的后裔成了彝族或其他的民族，那是后来的事。

内部认同——因爨氏而有爨人

要完成从汉族后裔到白蛮的转变，必须具备两个方面的条件，即是内部认同与外界的认可，外界的认可决定于内部认同。也就是说，并不是唐朝人认为他们是蛮，就可以称其为蛮。名称改变来自内部，而非外部。当时的汉族移民后裔，对于族群归属有两个选择方向，一以来源称汉民，一以变化称蛮。当时称作白蛮，也不是自己想称就称，想改就改。其先决条件就是汉族移民后裔与原来的夷之间的关系已非常密切，彼此之间已形成一致的族群认知，即汉族移民后裔认为他们已是夷人群体中的一部分，而夷人也认为他们已与自己相去不远，已为同族。大姓称白蛮与彝族称爨人结合来看，这个问题可以看得更明白，让此次民族重构反映得更深刻。

彝族称爨人

爨是一种民族族称

在元朝时期的云南历史上，爨是一个极常见的民族名称。《元史·信苴日传》、《招捕总录》、《经世大典·征云南录》、王恽《大元光禄大夫平章政事兀良氏先庙碑铭》等很多文献都提到，称爨，称诸爨或乌爨都有，核心族称就是爨。《元史·地理志》提到爨人的次数最多，还详细说明其分布地域。威楚开同等路、定远（今牟定县）、南安州（今双柏县）、宁州（今华宁县）、路南州（石林彝族自治县）、師宗州（今师宗县）、普安路（今贵州省普安县一带）都提到作为族称的爨人，有的说地名来自爨人首领名字，有的则是说爨人首领的活动。涉及地区从今云南省中部的楚雄市一带，直至贵州西部的普安一带。元代的史志很少介绍爨人情况，所以如果仅靠这一时期的文献资料，很难从面上弄清爨人的民族系属和文化特征。还好前面提到的地名，有的可以用彝语解释（如耐笼），有些现在还在彝族民间使用（如俄碌、路甸），而于矢部、师宗部为彝族所立，也有许多证据，使我们能够确认所有这些地方的爨人都与彝族有关。

爨人即罗罗

到明、清时期，对爨人与彝族的关系才算有了下一个明确而统一的说法：爨人即罗罗。

景泰《云南图经志书》卷二曲靖军民府风俗条下说罗罗一名爨。王尚用嘉靖《寻甸府志》上卷说黑倮罗、白倮罗，就是黑爨、白爨。正德《云南志》卷二云南府风俗条下也说爨人即罗罗。这些文献记载都说明，爨人就是罗罗，是同一个民族两个不同的民族名称。爨也写寸，大概是用简单易写的寸字代替复杂的爨字。

需要说明的是，有时也会把黑爨与乌蛮等同起来，其实乌蛮的含义和黑爨或黑罗罗的含义是有区别的，乌蛮的所指远比黑爨大得多。前文提到兀良合台攻乌爨等事，乌爨是代指乌蛮，而非后来说黑爨或黑罗罗。

多数志书不仅说明爨与罗罗的关系，记述其风俗习惯，有的志书还深入细致地介绍了其内部小支系，从而说明爨人的构成情况，很好地交代了统称与支系的大小关系。康熙《云南通志》卷三十七列有白罗罗、黑罗罗、撒弥罗罗、妙罗罗、阿者罗罗、干罗罗、鲁屋罗罗、撒完罗罗、罗婺罗罗、摩察等，说明是把这些人都当作爨人内部的不同部分，爨人被当成了总名。详细记载支系名，也不是此时才有。明朝后期编纂的天启《滇志》已有记载，也列有小支系，清修志书，不过是沿用。

（清）檀粹《滇海虞衡志》卷十三《志蛮》有爨、僰、罗黑、么些、力些、缅人、骠人、仲人、峨昌等40多个条目，爨为其中之一，下列白罗罗、黑罗罗、撒弥罗罗、妙罗罗、阿者罗罗、干罗罗、鲁屋罗罗、撒完罗罗、海罗罗、阿蝎罗罗、葛罗罗、罗婺、摩察、罗面等十四种支系。檀粹在爨这个条目的结尾，作了总结性的解释，说：

“故其类虽分，总为爨蛮。”

意思说，尽内部有这么多不同名称的支系，他们都是爨人。

正因为把爨人当作总名，当时的人把认为属于彝族的都归入爨人之中，如道光《云南通志》卷一百八十二就引《易门县志》说阿车即爨蛮。阿车是支系名，爨蛮是总名。

爨文即彝文

景泰《云南图经志书》卷二马龙州风俗说有爨字，如科斗状。天启《滇志》卷三十说爨蛮有夷经，都以爨字写成，字状类蝌蚪。

这几种志书都说彝族有自己的文字，就叫爨字。很多地方的彝族，由于不通汉文，政府发布文告、命令，都要在汉文之后写上爨字，才能政令通行。如（天启）《滇志》卷三十就说干罗罗因为多不通汉语，官府文书，也要写爨字在后面，才能传达下去。

景泰《云南图经志书》卷二曲靖府风俗条说称罗罗双陆的骰子，上面写有爨字。道光《云南通志》卷一百八十二说黑罗罗用于作契卷的木刻，后面要写上爨字。

康熙《永昌府志》卷二十五录了一首诗，题目叫《爨蛮》，是一个叫王尧衢的人写的，其中两说：

历史上一直被称作爨文的彝文。

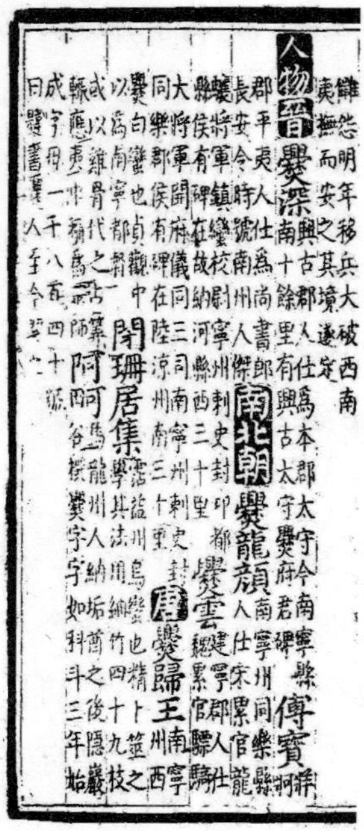

爨字夷经蝌蚪精，也知天
象断阴晴。

说明当时的人对彝族文献的丰富内容有一定的了解。

那么，彝族普遍使用的这种叫爨字的文字又是来自何处呢？这一点，明清史志也有介绍。（明）谢肇淛《滇略》卷六《献略》说：

“阿者，马龙州人，纳垢酋之后。弃官隐山谷中，撰爨字，字如科斗，二年始成。字母一千八百四十有奇，名曰韪书，爨人至今习之，为书祖云。”

《大明一统志》曲靖军民府人物条对爨氏人物及爨字创制的记述。

雍正《临安府志》卷七也有相似的记述。

既然是彝族自己的创造，又何以称作爨文呢？只有一个解释，就是因为当时的人称彝族为爨人，所以也就顺理成章地称他们的文字为爨文。这反过来又回到我们要反复证明的一点：爨人即罗罗，就是彝族。

爨人名称来源于爨氏

元明清三代的文献，谈到爨人名称的来历的时候，解释都差不多。（元）李京《云南志略》说：

> 按今陆凉州有《爨府君碑》，载爨氏出楚令尹子文之后，受姓班氏。西汉末，食河南邑，因以为氏。为镇蛮校尉宁州刺史。晋成帝以爨深为兴古太守，自后爨瓒、爨震相继不绝。唐开元初，以爨归王为南宁州都督，理石城，即今曲靖也。爨人之名原此。

《云南志略》说到爨人得名与爨氏有关，但只交待了爨氏的来龙去脉，没有点明爨氏和彝族有什么，也没有说清彝族的自有的名称之外，又多了一个爨人这样的名称，略嫌缺憾。

天启《滇志》卷三十说爨蛮条说爨人之所以称爨，是从其酋长之姓；康熙《云南通志》卷三十七说是从王姓；都是一样的意思。

彝族有阿哲、罗婺等支系，阿哲和罗婺都是人名，为部族首领，称阿哲和罗婺的人，都是其管下属民。在汉文文献中，阿哲（水西）、罗婺这样的政权组织，一般都称为部，如乌撒部、乌蒙部等及南诏、大理时期的三十七部，也有一些记载称为国，如自杞国、罗甸国、阿伯（僰）国等。在彝族的内部观念中，无论汉文献是称部还是国，都是一样的，都是指有完善的政治组织、内部独立自主的政权。这样的政治组织，习惯上都是以本家族杰出首领的名字命名的，前述的阿哲、罗婺、乌撒、乌蒙都是人名。人名转成政权组织名称之后，性质就发生了变化，它是这个政权组织的代号，而不再是原来的人名。这些政权组织管辖下的民众，以部名或国名作自己集体身份代号，进而转成支系名称，就已和我们现在说自己是中国人或北京人，成了所属政权组织或居住地的标志符号。称作人也是这种道理，是说自己是爨氏政权管辖下的民众，或说是其辖区内的居民。这不是正规的民族名称，清人檀粹的解释，很能说明问题。他在《农部琐录》卷十二中说罗婺就是乌蛮，在本地称黑罗罗，迁徙到其他地方才称罗婺。

如歸善造堅甲利刃有價値數十馬者標槍勁弩置毒矢末沾血
立死自順元曲靖烏蒙烏撒越嶲皆此類也按今陸涼州有爨府

君碑載爨氏出楚令尹子文之後受姓班氏西漢末食河南邑因
以爲氏爲鎭蠻校尉寧州刺史晉成帝以爨深爲興古太守自後
爨瓚爨震相繼不絕唐開元初以爨歸王爲南寧州都督理石城
郡即今曲靖也爨人之名原此然今目白人爲白爨羅羅爲黑爨
字復訛爲寸矣大德六年冬京從脫脫平章平越嶲之叛親見射
死一人有尾長三寸許詢之土人謂此等間或有之年老往往化
爲虎云金齒百夷記識無文字刻木爲約酋長死非其子孫自立
者衆共擊之男女文身去髭鬚鬢眉睫以赤白土傅面綵繒束髮
衣赤黑衣躡繡履帶鏡呼痛之聲曰阿也韋絕類中國優人不事
稼穡唯護養小兒天寶中隨爨歸王入朝于唐今之爨弄實原于
此婦女去眉睫不施脂粉髮分兩髻衣文錦衣聯綴珂貝爲飾盡
力農事勤苦不輟及產方得少暇既產即抱子浴于江歸付其父
動作如故至于雞亦雌卵則雄伏之風土下溼上熱多起竹樓居

《说郛》本《云南志略》中关于爨人一名来源于爨氏的撰述。

为什么迁徙到其他地方才称罗婺，就是因为罗婺只是其原来所属政权组织和居住地的名称，表明其归属和来历。阿哲、阿晟、罗婺等支系名称也都是迁离故地的人用的，原来的水西地区并没有阿哲这样的彝族支系。因为爨氏势力大，统治时间长，范围广，影响大，所以称爨人的很多。

现在也没有彝族自己以爨为的支系名称的原因就在于此。称彝族为爨人，只是云南的一种习惯，它并不是正规民族名称。

爨人的名称，唐代就已有，只是含义和范围不尽相同。《新唐书·南蛮传》说爨蛮之西，有徙莫祇蛮、俭望蛮，因为在贞观二十三年归属唐政府，就以其地设了傍、望、览、邱、五州，隶属于郎州都督府。求州在今武定、禄劝一带，览州在今楚雄市一带，傍州在牟定，望州在广通（今属禄丰），邱州在南华。[51]照此看来，所谓爨蛮，就是指当时称为西爨蛮的爨氏家族及其管辖下的人众，范围并不是很大。扩大而称几乎全云南省的彝族，是后来的事。并且唐时所说的爨蛮，与后来所说的爨人也不尽相同，前者范围小，人也少，后者则是大而化之的说法。

族群认同——爨氏即彝文文献中的阿仲仇部

与此相对应，爨氏应该在彝族文献中有反映。爨氏在彝文文献中不是没有痕迹留下，而是没有引起注意。

阿着底来自阿着仇家

掌扎俄勾阿着仇家退出历史舞台的时间已久远，但其影响却长期存在，反映了其家族曾经的辉煌。

《彝族源流》中的《赞秀丽的地方》，有一节专门夸赞阿着仇家所住的阿着底的优美、宜居环境。说阿着底上方的坝子中，入眼都是种满稻的良田；其下方则有清澈透亮的湖泊，映入眼帘的是湖底成群的游鱼。阳光灿烂，和风徐徐，四季如春。群山四时翠绿葱茏，如少女般婀娜秀美。

阿着底是阿着家的坝子的意思，而所谓阿着，就是指阿仲仇家。

《彝汉城名记》说杂杂峨更（掌扎俄勾）阿招侪家住耐咪阿招（阿着）高，属白彝。又说耐咪阿招（阿着）歹高是彝语称，汉名叫沾益府。

汉名沾益府的说法并不准确。元设沾益州，所属有交水县，即今沾益县。曲靖、沾益一带称为阿着底，各地彝族都一样。严格地讲，阿着底指曲靖、沾益坝子，“底”是坝子的意思。沾益州的其他地方，并不称阿着底。交水即沾益，彝族“益”就是水、江、河，“交”与“沾”为同音异字。

《阿底谱》说彝族六祖中的武支攻占阿着仇家原有地盘，阿着仇家南迁到阿着底，由原来属武，变成了“吐”。所谓阿招侪家属白彝，就是由此说的。《彝汉城名记》说杂杂峨更（掌扎俄勾）的阿招侪家属白彝，地方又为什么会称耐咪阿着底呢？应该与该地后来归磨弥殿部有关。《彝汉城名记》称耐咪阿招歹，是直接引用，不做翻译。《赞秀丽的地方》则译成了彝家阿着地

（底）。“耐咪”的“耐”是相对于白彝“吐”而言，不是指彝族，而是指黑彝。“耐咪”与“吐咪”对应，是指黑彝之地，“吐咪”则是指白彝之地。明明是阿仲仇家的地盘，怎么又称“耐咪”呢？这明显与家族势力更迭有关。是阿仲仇家没落以后，该地归磨弥殿部，才有“耐咪”之称，因为磨弥部在彝族内部归分属于“耐”（黑彝）系列。《元史·地理志》说到段氏大理国时期，乌蛮莫弥部酋据石城，就是今曲靖城。

《赞秀丽的地方》提到阿默尼可以运货物到阿着补溢。阿默尼即驻今宣威一带的磨弥殿部。补溢本是指盘江，称阿着补溢，则是专指通过阿着仇家属地及附近的一段。

强大的阿着仇家

《彝族源流》中的《仇娄阿摩世系》说：

> 在掌扎俄勾，仇氏向五方扩张，仇娄阿靡的盛名传遍天下。仇诃阿摩的境域是金灿灿一片，相比之下，相邻的六祖后裔武支的地域，不过有门板大的一块。[53]

《西南彝志》中的《额阿德》说阿卓赤家一度很强大，有很多勇士骑兵。曾派人向四十七姓彝族传话，说四

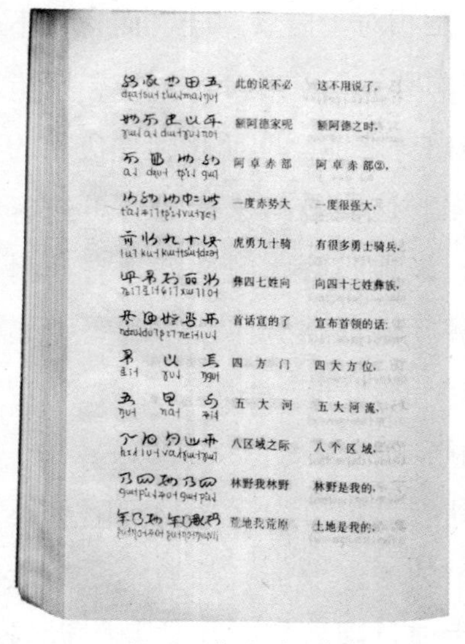

此的说不必	这不用说了，
额阿德家呢	额阿德之时，
阿卓赤部	阿卓赤部②，
一度赤势大	一度很强大，
虎勇九十骑	有很多勇士骑兵，
彝四七姓向	向四十七姓彝族，
首话宣的了	宣布首领的话：
四方门	四大方位，
五大河	五大河流，
八区域之际	八个区域，
林野我林野	林野是我的，
荒地我荒原	土地是我的，

《额阿德》中对阿卓赤家号令四方的记述（自《西南彝志》译本）。

方、五河、八区域，即所有地方，山林、土地都是他家的，要让大家交资源使用费。[54]《彝族源流》中的《阿芋陡世系》也有相同的内容。[55]

有名的毕摩世家布所阿铺家，就曾经是掌扎俄勾部的首席毕摩。[56]

阿卓赤家在《彝族源流》和《西南彝志》中有详细的谱系。是武僰氏的后裔，不是六祖后裔。俄勾是政权组织名称，类似于侯王国的称号，在哪里立国，就以哪里来命名。

存在时间在南诏建立前

《哺古记》提到阿芋陡家曾大败来争夺做哺古的神树的卓罗纪（南诏），阿芋陡家的参战主力有阿着十一姓人的千员精兵。[57]还提到阿诺笃任带领阿着十一姓等很多人，宰杀百头壮牛，为砍伐制作哺古神奇之树的人壮行。[58]

《阿芋陡家九十重宫殿》说为祭三只哺古，阿芋陡家的很多人在色鸠溢帕河两岸，喝了九天酒，醉了整整十天。其中有阿着十一姓人，布益六寨白彝，罗布八寨白彝。[59]色鸠溢帕即牛栏江，布益即盘江。

《阿芋陡家九十重宫殿》提到东边技艺精熟者，要数阿着十一姓。[60]

这数处提到这十一姓，说明这些人已成为阿芋陡属下最受信任的重要力量。

《阿芋陡世系》说阿纳笃则征服阿着人，阿着俄勾部的人，用深黑色的布做归附的见面礼。但这个说法可能存在表述上的问题，文中也提到他征服了罗纪人，罗纪指南诏，被他征服显然不是事实。

在《罗纪源流》中提到罗纪（南诏）得到平坦阿着底后，设立了两个宰度。按书中的介绍，宰度是南诏的地方行政组织。说明阿着俄勾部的地盘，是归南诏。只不过因地缘上是关系，阿芋陡部在阿着俄勾部失势后接收其属下的一些家族或人员。

这两件事，都因记述过于简略，无法获知其具体经过。但有一点很明确，阿着仇家在南诏建立时已不复存在，他家所有的辉煌都是在此之前的历史。

《阿芋陡家九十重宫殿》提到卓罗纪家出动大兵，横扫阿芋陡家。不仅掳去所有的钱财，祖灵桶、英雄杖、诺雅伦、四支吉鲁、五支那迭、哺古等重器，也被掳到点苍大城。《阿芋陡家九十重宫殿》中的阿诺笃任，应该就是《阿芋陡世系》、《哺古记》中的阿纳笃则。此事发生在阿诺笃任时期，说明阿着仇家失势并于南诏及余部并入阿芋陡等事，都发生在南诏建立前后。

由上述不难看出，彝族历史上经常提到的掌扎卧勾阿着仇家[61]，唯有爨氏一家能对应。

为什么是白蛮?

在唐代的文献中，爨氏成了白蛮。很清楚，在内地汉族的眼中，他们已经被当成了少数民族。与内地隔绝已久，被视为少数民族，并不难理解，让大家困惑的是：蛮指什么？为什么偏偏是白蛮?

不小心就成了白蛮？

《隋书·史万岁传》直接说爨翫是南宁夷，被当成少数民族。唐代更被当成了与乌蛮对应的白蛮。大姓不再提，汉民之说不再强调，汉裔之说也往往被加上自云一类的字眼。这是隋唐史籍对汉族移民后裔称谓的重大转折。

（唐）樊绰《云南志》卷四说西爨是白蛮，东爨是乌蛮也。《新唐书·南蛮传》也有相同的说法，只是划分的区域与《云南志》不同，存在明显的冲突，若要以居住地域划分族群，不可能。既然依地域划分不可信，西爨又是怎么一回事呢？其实《云南志》、《新唐书·南蛮传》都存在一个概念错乱的问题。《通典》说“西爨者，南宁之渠帅”，明显是指爨氏家族的人。《新唐书·南蛮传》后文也有与《通典》相同的文字表述，同样说明是指爨氏家族的人。如说爨氏家族的人（西爨）分布在哪些地方，又说他们被称作白蛮，再说其余地方称东爨，被称作乌蛮，是对的。《云南志》和《新唐书·南蛮传》的错误，是把西爨分布地域内的所有人，都划成了白蛮，明显是转换了概念，造成错乱。

随之而来的问题是：为什么他们就变成了白蛮，而不是其他的什么族群？

变成白蛮是因为进入的是彝族地区

在讨论乌蛮、白蛮名称来历之前，看一下爨氏所在区域的地名遗留，就很容易明白爨氏为什么会和称作乌蛮的彝族联系到一起。

原来滇国范围及周边地区，及后来的爨氏主要控制区域及周边地区，有丰富的历史地名遗留。分析这些地名的语源、词义，就可以对爨氏等汉族移民进入前的原住民的民族情况有一个清楚的认识。大量的彝语地名的存在，与爨氏称为白蛮，爨区彝族称为爨人，无疑是对应的。正是因为作为外来移民后裔的爨氏是在彝族地区发展，受彝族文化影响，才会互认为一个族群，只是内部以来历不同，承认存在支系的区别。

蛮是族名不是泛称

到了隋唐时期，西南地区出现了两种新的族群名称——乌蛮和白蛮。乍一看，颇无来由，似是当时人根据自己的理解，重新取的名称。乌蛮和白蛮名称中的蛮字，似乎也就成了指称少数民族通用词汇。乌蛮被简单理解成了黑少数民族，白蛮就成了白少数民族。于是有人猜测，是当时的人把崇尚白色的族群称作白蛮，把崇尚黑色的族群称作乌蛮。也有说是经济发展较快、文化水平较高的族群称作白蛮，把经济发展较滞后、文化水平较低的族群称作乌蛮。

《云南志》、《新唐书》、《旧唐书》提到南诏境内族群名称单位，有数十种，属于乌蛮、白蛮族系的，文献都特别加以说明。乌蛮、白蛮之下，有的体现支系特征，有的体现地方文化特征，出现支系名和地方名，如乌蛮族群下有施、顺、麽此、独锦等支系名或地方名，白蛮族群下有西爨白蛮、河蛮、弄栋蛮、青蛉蛮等，都有特别交代。

与这两者无关的族群，则只介绍其社会文化情况。一个包含众多支族的族群名称，显然无法用泛指的词义来解释。河蛮可以解释为居住于河赕的人，弄栋蛮即弄栋人，青蛉蛮即青蛉人。扑子蛮可以称作扑人，因为子本身就是某族人的意思。寻传蛮其实就叫寻传，《南诏德化碑》称西开寻传是也。也就是说，去掉蛮字，其余部分还能体现族群名称，才算一个完整的族群名称。

乌蛮、白蛮显然不符合这样的条件，如果蛮简单说成人或民族，就成了黑族、白族，成了毫不相干的两个族称。

有人说白蛮是从之前的僰人变字而成，是把僰换成了白。这似乎找到了白蛮的词源，但乌蛮又是怎么来的呢？又难道说乌蛮、白蛮同时出现，完全是巧合吗？是因为有了白蛮，才找一个叫乌蛮的词汇与之配对？或说乌蛮之乌也是少数民族语译音，偶相对应？这些都无法理解乌蛮、白蛮之间十分密切的文化关系，显非事实。

那么，事实又是怎样的呢？文献之记录民族名称，一般都是名从主人的原则，不会自己杜撰一个名词，强加在别人头上。唐代称乌蛮、白蛮，显然也不可能是无中生有，自行杜撰。在乌蛮、白蛮这样个对应的组合中，蛮显然是专称，统称某个族群，而乌蛮、白蛮则是表示这一族群中的支属。因为唐人将此专称与泛称的蛮混杂使用，这一点，很容易受到蒙蔽。

蛮来源于夷

按旧制，称东夷西戎，南蛮北狄，夷在东方。司马迁写《史记》，却偏偏有《西南夷列传》，似乎颇不合例。实则《史记》的记载，与之前东夷西戎南蛮北狄的笼统划分不同，是采用实名记录的办法，扁名也就是民族名称或国家的名称。记载少数民族的内容，《史记》有南越列传、东越列传、匈奴列传、朝鲜列传、西南夷列传、大宛列传，大宛、朝鲜是国名，其余都是民族名称。

司马迁有《西南夷列传》，是因夷是这些人的民族名称。《史记·西南夷列传》和《史记》的其他一些相关篇目中，还把整个的西南夷分成南夷、西夷、西南夷三个部分，夷不为泛指，而是专有族称，已很明确。不是夜郎是南部的少数民族，邛都是西部的少数民族，滇是西南部的少数民族；而是说夜郎是南部夷族，邛都是西部夷族，滇是西南部的夷族。

《汉书》有匈奴传、西南夷两粤朝鲜传、西域传，前三者同《史记》，西域系以方位名。《后汉书》有东夷列传、南蛮西南夷列传、西羌传、西域传、南匈奴列、乌桓鲜卑列传，除西域传用方位，东夷用古时划分，余皆用族名或国名。都沿用了《史记》的传统。

近代学者对夷作为族称概念的明确认知，可以回溯到20世纪３０年代。蒙文通的《羌、氐与叟、賨及其北迁》一文，明确古代西南诸族群，与靠北的羌和氐，各有文化特色，无法等同。即使是羌与氐，也各为一族。在古代族群复杂性的认识，及西南民族的特质等方面，皆较一般的氐羌说有推进，开阔了眼界。很多年以后，蒙文通之子蒙默提出西南地区存在一个与氐羌相区别的夷系族群。[62]

《华阳国志·南中志》说：

> 夷人大种曰昆，小种曰叟。皆曲头木耳，环铁裹结，无大侯王如汶山、汉嘉夷也。夷中有桀黠能言议，屈服种人者，谓之“耆老”，便为主。论议好譬喻物，谓之夷经。……其俗征巫鬼，好诅盟，投石结草，官常以盟诅要之。

从《华阳国志·南中志》上述这段方字可知，无论称昆称叟，各种文化全同，说明是同一民族。在昆、叟这种支系名称之上，还有一个统一的族称是夷。

光看这一段，这一点不易明白。再看《华阳国志·南中志》其他部分，就会很清楚。《华阳国志·南中志》后文的分郡分县介绍中，专门提到某地有濮，某地有鸠僚，[63]但决不提有昆、有叟。原因就在于，前文已介绍南中的主体居民是“大种曰昆，小种曰叟”的夷人，不再逐郡逐县重复。只有不包含在夷人范围内的其他散杂居民族，才在所居地加以介绍。至此，夷为族称，应该已较明确。

《三国志·蜀书·后主传》称高定为越嶲夷王，而《三国志·蜀书·李严传》却称高定为越嶲夷率，称夷王或夷率，不是笼统指少数民族，而是以夷为族称。

《华阳国志·南中志》称高定元是越嶲叟帅，《华阳国志·蜀志》称越嶲叟大帅，说明《华阳国志》的作者认为高定是叟人。按《华阳国志·南中志》，叟是夷人内部的支系。

又《华阳国志·南中志》说为求为竹王立祠，“后夷濮阻城”，而《后汉书·西南夷列传》作“夷僚”。前者作夷濮，后者作夷僚，称濮称僚有出入，但无论何种称法，夷指与濮、僚不同的另一族群，则是无疑，夷之为族称，也更明确。

《后汉书·南蛮西南夷列传》为合著，南蛮西南夷同列一篇。开西南夷篇，就说：

“西南夷者，在蜀郡徼外。”

自此而下，除引旧文，描述当地民族，只用夷字，不能说没有用意。

《晋书·职官志》说晋武帝时在襄阳设南蛮校尉，在长安设西戎校尉，在宁州设南夷校尉。武帝还在广州设平越中郎将，主管南越。后来还设过护匈奴、羌、戎、蛮、夷、越中郎将。

从上述职名看，除护戎中郎将较模糊外，其余皆是实指。匈奴、羌、越，皆系族名。

《华阳国志·南中志》说：

> 太康五年，罢宁州，置南夷，以天水李毅为校尉，持节，统兵镇南中，统五十八部夷族都监行事。

“统五十八部夷族都监行事”，说明南夷校尉的设置，是为了管理夷族，其取南夷校尉，是以管理的民族取名。

后来恢复宁州建置，南夷校尉仍保留，因为民族工作很重要。王逊、尹奉等人都兼南夷校尉、宁州刺史。

蛮是江左人甩过来的帽子

《后汉书》有《南蛮传》，为蛮的最早的记述。《后汉书》所述南蛮的范围，自荆、襄、武陵，至于交趾、九真，全是南方之地。《宋书·夷蛮传》说：

> 荆、雍州蛮，盘瓠之后也。

指苗瑶民族。与《后汉书》不同者，《后汉书》巴郡南郡蛮并入。而《南齐书·蛮传》说：

> 蛮，种类繁多，言语不一，咸依山谷，布荆、湘、雍、郢、司等五州界。

所指与《宋书·夷蛮传》相当。《梁书·蛮传》同《南齐书·蛮传》。

有人提出汉语中的蛮，是名从主人，来自苗瑶语民族的自称。[64]以后蛮的民族主体，及先秦时期民族接触等情况看，来自苗瑶语民族的可能性最大，所说不无道理。

无论如何，蛮与西南地区的民族扯不上什么关系。这一名称出现在西南，纯粹是人为移植的结果。

西南有蛮这样一个民族名称，完全靠江左人所赐，是他们甩过来的帽子。

东晋偏安江左以后，发生一个戏剧性的变化。南夷校尉一名被人为改换，把原设于荆州的南蛮校尉，移植到南夷校尉头上。荆州的南蛮校尉被取消，却又在西南滋生一个不伦不类的镇蛮校尉。其实这不是一个孤独事件，而是一系列事件的开端。先改校尉，再改建置名，再换族称，从而在西南地区完成了一次将夷改换为蛮的无缠头行动。

甩帽子步骤一——先改校尉

《晋书·职官志》说原本在襄阳设有南蛮校尉，后来一度改南蛮校尉为荆州刺史。东晋王朝南渡江左之初，又省南蛮校尉，不久又在江陵重设，最后却把远在西南的南夷校尉改成了镇蛮校尉。《宋书·百官志》说南夷校尉“江左改曰镇蛮校尉”，是用《晋书》的说法。

南北时期，南北分离，都不能有效控制西南地区，但一直保留镇蛮校尉。《南齐书·百官志》说则说镇蛮校尉隶宁州，则至萧齐，犹设此官，但只可能保留虚号而言已，不可能实设。《爨龙颜碑》全称《宋故龙骧将军护镇蛮校尉宁州刺史邛都县侯爨使君之碑》，碑阴题名，有蛮府功曹建宁李口祖，有镇蛮长史建宁爨世明，有蛮府功曹建宁李延祖等。镇蛮校尉的职衔就由爨氏自行保留了下来。

甩帽子步骤二——再改建置名

《宋书·州郡志》有平蛮太守，说是在晋怀帝永嘉五年（311年），宁州刺史王逊分牂柯、朱提、建宁立平夷郡，后来却改成了平蛮太守，连下辖的平夷县，也改成了平蛮令。改的原因据载是为给桓温避讳。《南齐书·州郡志》也有平蛮郡和平蛮令，未著改名之由。

乾隆《沾益州志》记载为修路曾挖出过“振威将军平蛮大保关内侯毛辨之墓”，[65]所谓平蛮大保，平蛮应为地名，指平蛮太守或平蛮令，即原平夷郡或平夷县的范围，应该也是按江左习惯改的。

甩帽子步骤三——再换族称

《宋书·武三王传》载刘义恭上表称南中是“蛮僚狡窃，边民荼炭。”[66]

《宋书·萧惠开传》说萧惠开对人大吹要收牂柯、越嶲入管下，“绥讨蛮、濮，僻地征租。”

《梁书·徐文盛传》说宁州地处偏远，“所管群蛮不识教义”，前后刺史都收拾不下，徐文盛耐心做工作，情况才有改变。

南北朝时期，因无力控制今云南及周边地区，史籍记述该区域事者极少。但看上述三条，已可看出一个明显有统一意志的改变，就是把汉晋称夷的族群名称，都改成了蛮。把蛮这一名称，完全用到了原来的西南夷地区。

北方称夷不改

这种改动，兴于江左、南朝，北方并不改。这就济形成南北异称，夷、蛮并存的局面。

《晋书·苻坚载记》说太和五年（370年）姚苌为宁州刺史，兼西蛮校尉，似乎有改蛮之称，其实不是。因为前文已说过晋奋威将军、西蛮校尉周虓降于朱彤，姚苌是替周虓之职，也沿用晋西蛮校尉职名。《晋书·苻坚载记》中苻洛职衔中有领护西夷校尉，称夷不称蛮。《周书·尉迟迥传》说：

夷夏怀而归之。

也称夷不称蛮。

唐代以称蛮为习见，但仍保留夷的称法。如《蛮书》也称《南夷志》之类。《太平御览》卷七八九、卷九二五、卷九三七、卷九六一、卷、卷九六六、卷九七二、卷九七五、卷九八一、卷九八二、卷一000并引《南夷志》，天启《滇志》卷三十二也引《南夷志》，则转录自《御览》。取所引《南夷志》文与聚珍本《蛮书》校对，并相合，是则此书称《南夷志》也。[67]南改北不改，北人不称蛮称夷，到唐形成两系同存局面。

有改有不改，但毕竟改过的蛮这一族称，已形成影响，我们有必要知道其来历和含义。知道蛮来自原来的夷，我们就很容易理解为什么爨氏及前后来的移民后裔会称白蛮。因为他们长期在夷群中生活，文化和族群认同都属发生了变化，已互相认同，都当成了夷人。只因来源和血统毕竟与土著夷人不同，在内部区分中出现乌蛮、白蛮的支系区别。恢复夷的传统名称，乌蛮、白蛮也就是黑夷、白夷，类似的名称，在后来的彝族中仍然存在。

为什么甩帽子？

蛮有专指，区域在南，不在西南，却为何在东晋以后移蛮名于西南呢？

平夷郡改平蛮郡，《宋书·州郡志》说是给桓温避讳而改。所谓避桓温讳而改的，大概是指桓温的父亲，其父名桓彝，而非其本人。避讳改夷为蛮之说，证据不充分。看《宋书·州郡志》，及稍后的《南齐书·州郡志》，蛮字夷字皆见，看不出统一改字的痕迹。《宋书州·郡志》有夷安县、夷道令、夷陵令、新夷令、宁夷长。《南齐书·州郡志》有新夷、夷道、夷陵、夷安等。

直接原因是东晋南迁，自己主要的控制范围只剩下原来的镇蛮校尉管理区域，镇蛮校尉的职司已失，故不能保留。

同时，在南北争交的年代，北人不免以镇蛮校尉辖区而呼南迁移民为蛮，就以移植而转移之，把镇蛮校尉移植到西南，改换到南夷校尉头上。把蛮的族称也带到西南，依南夷改镇蛮的思路，改夷称蛮。

南朝梁人沈约著《宋书》，有《索虏传》，以虏称鲜卑拓跋氏建立的政权。南朝梁人萧子显著《南齐书》，有《魏虏传》，以虏称鲜卑拓跋氏建立的政权。

北齐人魏收著《魏书》，有《岛夷桓玄》、《海夷冯跋》、《岛夷齐裕》、《岛夷萧道成》、《岛夷萧衍》诸传。南北对立，征伐日兴，敌对情绪强烈。这种情绪既见诸正史，日常间的谩骂难免。自东晋偏安江左，原来的镇蛮校尉管理区域，成了主要的势力范围，以蛮相称，势成必然。为避免戴这个帽子，就把它甩到西南。人人从我做起，把西南原来称夷的民族，一律改称蛮，造成一千古疑案。

千秋伟业立乱世

爨氏在乱世中求得发展壮大，称雄南中，建立千秋伟业，固然与时势造英雄的乱世机缘有关，也与其历代祖先在复杂的外部环境和微妙的内部关系间纵横捭阖的过人智慧不无关系。内地政府势力、大姓势力与夷帅势力之间的复杂、微妙的关系，成为魏晋以后维系南中政治的三大支点。爨氏的成功，得益于把握三种势力间的关系，为其所用，促其发展。南北朝时期，内地政府势力一退出，爨氏势力就得到突显，成为在南中的大姓与夷帅间称雄的一方霸主。

有国才有家——南征交趾积累下的政治资本

南中大姓的力量和政治影响，在魏晋之交，遇到一次历史性机遇，得到淋漓尽致的展现。仅仅依靠南中人力物力，进行一次悲壮的远征。

孙皓时的孙吴交趾太守孙谞，贪婪残暴，为患一方，百姓恨之入骨。恰恰又有官员邓荀至交趾，擅调孔雀三千头送秣陵（在今南京市），民众不堪其扰，民怨沸腾。咸熙元年（264年），太守的属官吕兴因民愤杀太守孙谞和邓荀，投靠魏国，魏任命吕兴为安南将军、交趾太守。

当时，离交趾最近的魏国属地是南中。吕兴的投附报告大概是经过南中转呈中央。南中地区当时的最高行政长官霍弋，提出了一个大胆的计划，就是以自己能掌握的力量，增援吕兴，此计划得到中央支持。他就安排建宁大姓爨谷率众南征，还让中央给了爨谷交趾太守的头衔。

爨谷率大姓董元、毛炅、孟干、孟通、爨熊、李松、王素等，各领部曲南下交趾，于泰始元年（265年）到达交趾。因之前吕兴已被其属官功曹李统所杀，南征成为南中大姓的独立行动。

他们收拾民心，建立地方秩序，很快就完成了对当地的全面控制。然而，大概是不适应当地气候，爨谷不久就染病身亡，接任的马融很快又病亡，霍弋只得又派杨稷接任。

此时，吴国重新任命的交州刺史刘峻和前部督修则领军南下，向杨稷等人进攻，结果三战皆北。郁林、九真两郡也被乘势收服，归附了杨稷他们。杨稷派将军毛炅、董元等乘胜向合浦反攻。古城一战，大败吴军，杀刘峻、修则。毛炅被任命为郁林太守，董元为九真太守。董元不久病亡，王素接任。

在连连失利的情况下，孙吴出动其正规军20万人，调集扶严一带的少数民族军队10万人，任命虞汜为监军，薛珝为威南将军、大都督，陶璜为苍梧太守，自泰始七年（271年）春，大举南下。杨稷等众寡不敌失利，交趾城陷落。毛炅、杨稷、孟干、爨能、李松等被俘，毛炅被杀，其余诸人被转送吴都建业（今江苏省南京市）。杨稷到合浦发病而死，爨能、李松后也被杀，只有孟干自吴逃归晋。

大姓南征交趾失败，与霍弋死而后援不至有关。当初霍弋派大姓领军南征，充分认识到了任务艰巨。说好城被围不足百日投降，家属要被杀；而过了百日救兵不至，则由霍弋承担责任。此时霍弋已死，其后任不发兵扶助，众寡不敌，悲壮失败。然而大姓此次南征的功绩，受到晋政府的褒奖封赏。除对其后人进行赐爵封赏外，还给大姓一项特权，让其子孙世世拥有部曲。

官员乱政断送南中

晋设宁州及南夷校尉，南中地区成为单独的政治区划。宁州刺史和南夷校尉由同一人担任，所有权力集中于一人之手。权重责任也重，但霍弋以后的南中最高行政长官，不能正确处理国家利益与大姓、夷帅之间的关系，最后断送了南中。

晋政府集中权力于一人，出发点为为了便于管理，容易集中力量，应对困难。但李毅、王逊等人却不能正确对待权力，一味以刑杀立威，妄图以暴政压服地方势力和一般民众，走到了群众的对立面。得不到群众支持，注定了其失败的最终结果。

进入两晋南北时期，大姓与夷帅之间，走得很近，原来存在的官府、大姓与夷帅三种势力，逐步向两种势力的转变。地方利益与相互依存关系，促成大姓与夷帅合势图存，合并为一种建立在共同利益基础上的地方势力，最典型的例子就是遑耶关系。只要大姓和夷帅结成了遑耶关系，大姓遇到麻烦，夷帅都会全力为他们解决。

以当时南中地区的客观实际看，外来移民的比例不多，大姓的势力远不及夷帅，倚重夷帅势力，为事之必然。再者，大姓与夷帅的这种关系，也说明政府对大姓的控制严格，管理范围较广，自由权力空间小。而对夷帅的控制较松，给夷帅更多的自由空间和绝对权力，有与官员对抗的力量。从另一层面看，大姓与夷帅间的密切关系，是针对外来政府官员。表明地方意识出现，共同的利益关系，促使他们团结一致，反抗外来官员的压迫，保护自己的利益。两者之间关系的亲密程度，直接与吏制好坏和官员的优劣相关。恶吏横行，促使他们团结对抗，以求自保。一个好的社会环境，他们之间团结求存的价值就有限。

霍弋时代应该是好的典型，因为霍弋处事公允，地方安定和睦。但其后任数人，都不能谨守其成规，也不能公正处事，致使南中形势每况越下，不可收拾。

霍弋死后，其子霍在龚一度领其兵，承担起调解大姓矛盾，维持地方安定的责任，史籍未载其作为。大概不久任命吴静接替霍弋的职务，这一状况只保留较短的时期。吴静任职时期，不能正确处理地方事务，化解矛盾的问题就已经出现。《华阳国志·南中志》说是"抚恤失和"，所以在官数年就被解职。此后多人任职，虽无成绩，也没有问题，但吏制败坏的积习，逐步抬头。

据《华阳国志·南中志》的记载，到广汉人李毅任南夷校尉的时候，由于吏制腐败，激起民变，而李毅又处置不当，把南中引入一片混乱之中。建宁太守杜俊、朱提太守雍约是两个无用的蠢材，《华阳国志·南中志》说是"懦钝无治，政以贿成"，是说他们能力低下，行政无所作为，大凡有事，都以行贿、走后门等不正当手段来摆平。做事不成，但欺压百姓，贪赃枉法，却胆大包天，无所不为。杜俊仗着为郡太守的政府权力，强夺大姓铁官令毛诜、中郎李叡部曲，还捏造罪名，迫害毛诜的弟弟毛耐。朱提大姓、太中大夫李猛有才干，其弟为功曹，符合条件，察举孝廉轮到他。但雍约却收受都尉雷逢的贿赂，不顾李猛之弟当被选拔为孝廉的成规，把察举孝廉的名额给了雷逢的儿子雷炤。察举起于西汉，是中国古代科举考试出现以前的一种人才选拔制度。孝廉是察举项目中的一种，孝廉是孝子廉吏的简称，以道德为选取标准。除以军功进仕，博取功名外，察举是平时重要的入仕为官的重要途径。而察举也受到家世、资历的限制，来之不易。察举孝廉的名额被顶替，除个人前途受影响外，家族势力和声誉也受影响，是对大姓家族特权和家族势力的践踏。太安元年（公元302年）秋，毛诜、李叡与杜俊的冲突升级，杜俊虽为太守，却无力与大姓相争，最后被毛诜、李叡赶走。李猛也因为不能忍受雍约的迫害，先写一封信指责雍约，最后起兵响应毛诜、李叡，赶走了雍约。《华阳国志·南中志》记载了李猛的这封信，说：

昔鲁侯失道，季氏出之。天之爱民，君师所治。知足下追踪古人，见贤思齐。足下箕帚，枉惭吾郡。

大意是说雍约其人猪狗不如，不要在这里丢人现眼，趁早滚蛋。

毛诜、李叡、李猛等的势力，一度发展到数万人，但最后还是为李毅所败。毛诜被杀。李叡则跑去投靠其遑耶五茶夷帅于陵承，寻求庇护。李猛也送信给李毅，请求归顺政府，李毅因为不喜欢其信中的内容与言词，假意应允，把他骗来杀了。

因为有人建议恢复宁州，这年的十一月丙戌，中央又下令恢复宁州的建置。还把牂柯、越巂、朱提三郡也划归其管辖，合原有的建宁、兴古、云南、永昌四郡，辖郡增加到七个。李毅被任命为刺史，辖地增加，势力更大。

公元303年，于陵承找到李毅，代李叡求情，要求宽恕其过错。李毅答应了于承陵，但当李叡去见李毅的时候，因为手下官员鼓动，又把李叡给杀了。李毅出尔反尔，无端杀人，使于陵承及毛诜、李的猛的遑耶极其愤怒，起兵为其遑耶讨说法。自行推举时任建宁太守马恢为宁州刺史，对抗李毅。李此时已重病在身，带病出兵镇压。此事严重破坏了原有有约定与行政规范，引发夷帅普遍不满，参与反抗的人越来越多，越战越强。李毅连连失利，只能困守州城。306年3月李毅病死于孤城之中。

由于李成政权已控制巴蜀地区，晋朝不仅无法救援李毅，就连其人困死孤城的消息，也是过了很久才传到朝廷。永嘉元年（307年）朝廷任命原广汉太守王逊为南夷校尉、宁州刺史，接替李毅的职务。由于天下纷乱，行程艰难，过四年才到职。当时的南中形势，内部纷争连年，一片破败景象。官府无军无粮，府库空虚，政治、法律制度破坏严重。城池破败，田园荒芜，民众缺衣乏食，困苦不堪。当年因吏制腐败，引发民众抗暴图存，战争本非所愿，只求过安定生活。所以王逊到任，重新建立社会秩序，恢复正常的社会生活后，得到民众普遍支持。王逊着手召集民众，收拾民心，经过数年的艰苦努力，又把李毅时代破坏的社会秩序建立起来，恢复了官府的正常统治。

当初南中陷于战乱，起于官员贪墨，吏制腐败。事由两太守，但李毅为最高长官，不能说与他无关。下面乱，源于上级官员不正。乱而不能纠正，说明坏事的也有他的份。李毅极力镇压李猛等人的背后，也有见不得人的腐败劣迹。一心想可以武力压服民众，落得失败下场。

王逊到任后，李毅的教训就在眼前，但他没有吸取教训，走了一条对民众更加残暴的施政道路。《晋书·王逊传》说：

> 外逼李雄，内有夷寇，吏士散没，城邑丘墟。逊披荒纠厉，收聚离散，专杖威刑，鞭挞殊俗。

似乎是说，王逊采取严刑重罚的行政手段，是形势所逼，只能如此。其实他的所作所为，与其人的残暴个性有关。没有走符合实际，能解决问题的正确道路。

当时李成政权在北，南中孤悬，随时受到威胁。而王逊虽为南夷校尉、宁州刺史，但手中并无从外带来的随行军队，一切依赖于地方大姓和夷帅。只有收拾民心，形成强大的凝聚力，团结一致，利用一切可以利用的力量，才有可能与李成政权抗衡，维持晋在南中的统治。

王逊还没有完全站稳脚跟，却已开始大开杀戒。王逊还没有到达任所，就举荐建宁人董敏为秀才。大概在杜俊被逐后，就没有再任命郡太守，一直空缺，由郡功曹周悦主持日常行政事务。周悦看不起董敏，没理睬王逊的命令，不签发选拔董敏为秀才的文件。王逊到任的第一件事，就把周悦给杀了。周悦有一个任秦臧县令的弟弟叫周昺，激于义愤，与夷人商议，计划推举赵涛主事，杀王逊为兄报仇。原因是赵涛的父亲赵混过去曾任建宁太守，在地方上得民心。此事被王逊知道后，不仅杀了周昺，赵涛也被其所杀。还乘势诛杀他认为不听话的世家大族数十家。《华阳国志·南中志》说这些大姓被杀，不是因为不守法度，其实主要是想以杀人立威，以秋后算账的方式，开始大肆屠杀。他记恨五茶夷，又找不到他们的过失，就以其掘夜郎庄王墓之名，发兵攻打。并以莫须有的罪名，或者根本不问青红皂白，翻旧账，四处屠杀。《华阳国志·南中志》说是“及讨恶僚刚夷数千落”。《晋书·王逊传》说：

征伐诸夷，俘馘千计，获马及牛羊数万余。

《晋书·王逊传》评价王逊此举说：

> 于是莫不振服，威行宁土。

《华阳国志·南中志》说是“威震南方”。似乎是取得了极大的成就。《晋书·王逊传》大概只看报告，再无余词。《华阳国志·南中志》以情况熟悉，对此有所反省，说王逊“严猛太过，多所诛锄”。

王逊为所欲为，大肆屠杀的结果，是造成南中民众，人人自危，各种势力和平民百姓都纷纷找寻出路。有的投向李成政权，以求自保。有的拥兵自卫，直接与王逊对抗。刚刚从李毅造成的动乱中恢复过来的南中地区，又陷入一片混乱之中。原来走后门当上秀才的朱提大姓雷炤，此时已升任平夷太守，他与流民阴贡、平乐太守董霸等联手，攻下牂柯、平夷、南广三郡，投靠李雄。建宁大姓爨量与益州太守李遏、梁水太守董慬拥兵据守盘江以南兴古郡之地，对抗王逊。宁州大半，已不在王逊控制之下。

李雄此时加紧了对南中地区的攻势，派其叔父李骧攻下越嶲郡后，向南进攻宁州。王逊派姚岳、爨深（《晋书·王逊传》作姚崇、爨琛）等领阻击李骧，在堂螂县（今云南省会泽县和昆明市东川区一带）大败李骧，并乘胜追到泸水（今金沙江）边。李骧的军队急于逃生，落水死者达上千人。姚岳等人怕路途太远，不敢渡金沙江追击。王逊为此大为恼怒，拘禁参战的将帅，把姚岳捆起来用鞭子抽打。《晋书·王逊传》说他因恼怒过甚，头发竖起，把帽子都挣裂了。大概是高血压、脑溢血一类的心血管病发作，当晚就暴病而亡。其时在大兴四年（321年）。

永昌元年（322年），晋朝任命尹奉为宁州刺史、南夷校尉。《华阳国志·南中志》说“奉威刑缓钝，政治不理”。到任年11年后，于咸和八年（333年）被李寿所俘，南中尽归李雄所有。其实此事的责任并不在尹奉，王逊的胡作非为，是晋王朝断送南中的根本原因。王逊在世时南中就已四分五裂。王逊在世时，爨量等人据守盘南对抗王逊，王逊出军攻打，无法取胜。王逊死后，爨量等人的势力更盛，一直打到宁州州治所在地。尹奉任刺史后，也没有办法。他重金收买刺客刺杀爨量，而诱降李遏，暂时稳定了局面，但也控制不了这些地区。能集中的力量非常有限，自然无法与李寿的大军对抗，只得投降。

纵横捭阖立乱世——大姓势力的更迭

南中地区的大姓很多，在东汉末年就已开始活跃于历史舞台。从这个时候开始，至隋末唐初，以在历史上形成的影响而论，大姓可以分成三个层次。

雍、孟、爨、李、霍、谢、吕为一个层次，安宁王氏、朱提李、董氏等为第二层次，其余为第三层次。在第一层次中，各大姓的势力，本有较大的差距，都有过一时的辉煌，故大而化之，并为一个层次。雍氏因祖先雍齿封侯，势力较大，蜀汉初年能举兵反蜀，但雍闿反蜀被杀后，雍姓不再有事迹见于史载。孟姓势力很强，人物众多。孟获为同雍闿一起举事的反蜀中坚，后归汉，与孟琰并称一时的南中俊杰。此后的人物也不少，但没有机会晋升最高一级行政长官，无大作为。谢、吕都是地方实力派。开始的时候吕氏势头强劲，后却湮没无闻。谢氏能始终坚持，唐时分出很多谢氏部落，但其势力所在偏东，无能力参与南中主导地位之争。俞元李姓的势力不算大，但因李恢跟人得当，忠勇有干才，也曾辉煌一时。霍氏本非大姓，自外调入南中为官，但能父子相继，累居高位，维持在南中地区的势力，成为唯一能与爨氏抗衡的地方势力。

霍氏在南中得势力，始于蜀汉后期。霍弋被任命为庲降都督，还有监军、安南将军的头衔。魏灭蜀及晋代魏之后，其职位仍然得到保持，并受到重用。霍弋才能出众，颇著政绩。《华阳国志·南中志》说：

> 抚和异俗，为之立法施教，轻重允当，夷晋安之。……今官和解夷人，及適罚之，皆依弋故事。

霍弋时代养成的势力，惠及其后人，使霍氏成为当时南中地区最炙手可热的家族势力。晋成帝咸和八年（333年）成汉政权占领南中。据《华阳国志·李特雄期寿势志》载，咸和九年（334年）曾分宁州置交州，以霍彪为宁州刺史，建宁爨深为交州刺史。《三国志·蜀志·霍峻传》引《汉晋春秋》说：

弋孙彪，晋越巂太守。

则霍彪是霍弋的孙子。

任乃强《华阳国志校补图注》在《南中志》之梁水郡条，拾遗补阙，重新梳理，对当时事态，有一个较清楚的交代，说：

大兴中（318年~322年），爨量保盘南以应李雄。梁水太守董慬附之。雄遣李骧援量。败还。咸和八年，再遣李寿取宁州。因以量据地置交州。爨深為刺史，治梁水。咸康中，蜀有内难，晋取蜀交州。……李寿即位，省交州，仍为郡。[68]

该条原文已轶，这部分内容是任乃强根据各种文献资料整理补文，并非原文，就整理文献而言，自己的注解不宜当成原文，有违文献整理的基本原则，但从事实看，都有依据，大致可信。爨深与霍彪虽同为刺史，其行政地位应该略逊于霍彪，但对于爨氏来说却是一个历史的转折点。一向以大姓出面，很少能在本地为官的爨氏，因真心投靠李成，一跃成为与霍氏平起平坐的州刺史。霍氏的南中的势力，本不能与爨氏相提并论，只因官高，能管束各大姓，爨氏一直屈居于下。此时两姓官职相当，则霍氏大势已去，无法再与爨氏争衡。

至咸康五年（339年）夏天，建宁太守孟彦率州人反抗成汉政权，投附东晋，将宁州刺史霍彪执送广州。孟彦等人在李成政权反击下失败。霍彪被执，是在霍氏势力被击溃的情势下达成的，其人被执送广州，霍氏势绝。孟姓也为建宁望族，此次事件，本有大姓势力火并的性质。火并以霍氏失利告终，但胜利的孟氏后来又遭受李成政权毁灭性的打击，两败俱伤。原本只有这两个家族可能在南中地区与爨氏一争高下，一时俱伤死殆尽，就形成爨氏独大的局面，为其称霸南中，清除的路障。

永和三年（347年）恒温伐蜀，李成败亡，巴蜀之地入晋之手。南中地区顺理也入东晋政府属下。东晋政府限于力量，政治上的诸多考虑，没有放手经营南中地区，而是采取利用地方势力，以遥控为主的管理措施。这就为爨氏家族的发展，提供了一个极有利的历史条件。自此而后到南北朝时期，历朝政府管理南中地区，都沿用遥控的办法。爨氏独领刺史，在地方势力独大，历朝政府无力控制，才采用遥控的办法，维系地方，得依仗其势力，故对其委官赐爵来拉拢。而南中地区大小势力极多，力量争夺激烈，爨氏势力虽强，来自各方的压力很大，也要争取内地政府的外部支持，仰仗政府封官赐爵，号令地方。

咸和七年（332年）秋，李寿南征宁州，十月到朱提。朱提太守董炳固守拒敌。宁州刺史尹奉派建宁太守霍彪、大姓爨深等救援，入城助守。到次年春正月，董炳、霍彪等开城出降。三月，刺史尹奉率众投降。

咸和九年（334年）春，分宁州置交州，以霍彪为宁州刺史，建宁爨深为交州刺史，利用地方势力维持南中秩序。

十余年后，东晋大将桓温伐蜀，灭成汉政权。按理也接管了南中地区，但其委官设治情况，不见记载。实际已不能很好控制这一地区，南北朝以后，历朝对南中地区的控制更差。管理与归属更流于形式，徒有虚名，不能插手南中地区事务。直到两百多年后的隋朝，才有外部势力重新入主南中地区。

大姓、夷帅完全自立，进入地方势力自行争雄的时代。经过两多百年的独立生存，大姓的身份发生变异。到隋唐时期，历史文献中再也没有大姓的概念，也不再称他们为汉民，而视为夷人，称之为蛮。

走向辉煌——爨氏称霸局面的形成

爨氏称霸南中，是两种历史因素促成的。内地政权在南中不断出现的退却趋势，使这一地区出现权力真空。社会需要重新整合政治权力，以求得社会的稳定。原来就最具实力的爨氏在这种权力整合中得利最多，得以走到南中政治权力的顶峰。

晋室因在北方失势，迁江左，偏居一隅，南北政权分立，形成对峙局面。自东晋始，历宋、齐、梁、陈诸朝，南朝政权与北方各政权长期争夺，你来我往，不得稍息。南中之地接于巴蜀，得巴蜀者，皆欲据南中而有之。但自南朝晋怀帝永嘉年间（自307年起）以后，巴蜀之地兵事日繁，争夺激烈，易主频繁，几无宁日。巴蜀局势不能稳定控制，对南中地区的控制和管理，更不可能。放弃于心不忍，伸手又力不从心，南、北方政权多采用虚置遥领的办法在宁州地区设官置吏，声明自己对这一地区有所有权。

以南朝而论，自永和三年（347年）以后，见于记载委命宁州刺史者，晋恒温伐蜀之后有六人，刘宋永初以后有十四人，南齐永明以后有八人，大都遥领，未到任所，亦无事迹。又持节都督诸州军事，以在荆、益州兼宁州者，晋恒温以下有十二人，宋谢晦以下有二十三人，齐萧映以下有十五人，梁萧伟以下有六人，惟亦加衔而已。[69]

这种局面的形成，从爨氏所领职衔也可以看出来。《爨龙颜碑》载：

> 祖晋宁、建宁二郡太守、龙骧将军、宁州刺史。考龙骧辅国将军、八郡监军、晋宁、建宁二郡太守，追谥宁州刺史、邛都县侯。

爨龙颜生于太元十一年（386年），以常理观之，其祖父任职，至少也当在其出生之前三十多年，则已为永和三年（347年）后不久之事。其时已自封官职，其于晋王朝，不过奉其正朔而已。《爨宝子碑》载爨宝子年二十三卒，大亨四年乙巳立碑。大亨四年实为义熙元年（405年）。晋元兴元年曾颁诏改元大亨，但没有实际施，因不知此情况而致误。这充分说明其时南中与江左声息阻隔，绝少往来。[70]连平常的信息往来都不通，行政隶属关系和正常的行政管理肯定也徒有虚名。

南北朝以后，内地政府与南中地区之间的关系，总体上来说是更加疏远，接触、往来也更少，这一点从爨氏自己传承的职衔也能看得很清楚。

《晋书·王逊传》说：

> 逊以地势形便，上分牂柯为平夷郡，分朱提为南广郡，分建宁为夜郎郡，分永昌为梁水郡，又改益州郡为晋宁郡，事皆施行。

《华阳国志·李特雄期寿势志》载：

（大兴）七年（公元324年）秋，寿南征宁州，……八年春（公元325年）正月，炳、彪等出降，威震十三郡。三月，刺史尹奉举州委质，迁奉于蜀。寿领宁州。

《魏书·賨李雄传》说：

（李）寿，字武考。初为雄大将军，封建宁王，以南中十二郡为建宁国，至期，徙封汉王。

《华阳国志·南中志》说：

右宁州。统郡十四，县六十八。

则其时宁州统十四郡。李雄时曾分宁州置交州、安州、汉州，《晋书·本纪》、《晋书·地理志》、崔鸿《十六国春秋》、《华阳国志·南中志》诸书并载其事。说明其时建置变更极繁，但《爨龙颜碑》所载爨氏职衔，看不出这种变化。

龙骧将军、八郡监军、宁州刺史是爨氏的主要职衔。《华阳国·志南中志》说：

冬十一月丙戌，诏书复置宁州。增統牂柯、益州、朱提，合七郡，毅为刺史。加龙骧将军，进封成都县侯。

宁州刺史加龙骧将军衔，自李毅始。龙骧将军、宁州刺史很笼统，不易看出变化与时序，八郡监军则是一个很有时代性的概念。

南中地区的建置变化中，南中八郡是文献较少提及的概念。诸葛亮平南中，分建宁、越巂置云南郡，又分建宁、牂柯置兴古郡，共设建宁、兴古、永昌、云南、朱提、越巂、牂柯七郡。晋泰始六年（270年），以益州大，分益州南中建宁、云南、永昌、兴古四郡为宁州。不久又罢省，但很快又复置，还增统牂柯、越巂、朱提三郡，共辖七郡。大安二年（303年）分建宁郡置益州郡，永嘉二年（308年）改为晋宁郡。按旧的分法，前七郡加上分出益州郡是八郡。但据《晋书·地理志》、《华阳国志·南中志》等书记载，建宁郡分出益州郡，本是王逊所为，其后开始大规模分割郡县，除同在永嘉二年（308年）分牂柯立平夷、夜郎二郡等外，各地都被分割，较原有七郡，超出一倍。如果有八郡的存在时间的话，也只有5年的时间。但《唐会要》卷九九《骠国》条说魏晋间有著《西南异方志》及《南中八郡志》者，说明历史确有南中八郡的概念。所谓南中八郡，当即指此八郡。所谓八郡监军，即指此八郡。

《华阳国志·南中志》说：

（霍）弋甚善参毗之体，遂代宇为监军、安南将军。

南中有监军，自此始。但八郡监军一职，典籍中找不到曾有人任过此职，可能是史籍失载。就连爨氏何以有八郡监军的来历，也说不清楚。宁州统八郡的时间很短，按理只有王逊有领此衔的可能，后来郡增多，不应该再有此职。

还有一种解释，是说王逊分郡时，已不能控制地方，无法具体实施，宁州本土一直按八郡的建制执行。《晋书·地理志》及《宋书·州郡志》、《南齐书·州郡志》所载郡县名号，当以晋之旧制，录于档册。东晋时已没有实际管理宁州，可能是依西晋旧制。南朝时期，更不能插手宁州之事，建置变更，不过是依旧有档册，再在档册上指划变更。

但说到底，爨氏诸多职衔，是否都经过了东晋政府的正式任命，还是个谜。也有可能把前后任命过的职衔都自动加以承袭、传递，即包含李成和东晋任命的官职。晋朝任命过宁州刺史，南朝时期也是如此。内地政府可能采取了两手并举的措施，自己任命官员遥领宁州，表示坚持对该地的主权。同时也不过问爨氏内部事务，任由其自主传递。宁州实权掌于爨氏，据建宁、晋宁二郡统摄宁州诸郡。按年代计算，爨龙颜之祖，应当就是爨琛，统有宁州，或始于咸康五年（339年）。其子继袭，曾任八郡监军，时在东晋晚期，与碑文所说年代可相符。据《爨龙颜碑》所载，祖孙三代都沿用大致相同的职衔，说明自爨琛始，这些职衔就没有变化。换句话说，不管爨龙颜的祖是不是爨琛，从这个时代开始，爨氏已成为南中地区的实际主宰，完成称霸南中的伟业。

不世家业——爨氏家族势力的性质

爨氏称王南中说

爨氏在晋以后到南北朝期间，势力逐渐巩固、发展，在南中地区形成外臣内王、名臣实王的强大自主势力。爨氏势力及控制区域不算太大，本无力与内地的政权相对抗，但因此时内地纷争不断，无力顾及南中，爨得以成为闭门天子。

自唐时始，就有爨氏为王的说法。（唐）杜佑《通典》卷一八七说：

> 西爨者，南宁之渠帅，梁时通焉。自云本河东安邑人，七叶祖事晋为南宁太守，属中原乱，遂王蛮夷。

（宋）王钦若《册府元龟》卷九百五十六《外臣部种族门》也载：

西爨，南宁之渠帅也。其王自云：本河东安邑人，七世祖仕晋为南宁太守，属中国乱，遂王蛮夷。梁元帝时，南宁州刺史徐文盛征诣荆州，有爨瓒者遂据南宁之地。

所说当也是本于《通典》之说。

（宋）欧阳修《新唐书·南蛮传》也称：

西爨自云本安邑人，七世祖晋南宁太守，中国乱，遂王蛮中。

《新唐书·南蛮传》中的《两爨蛮》条的内容大体与（唐）樊绰《云南志》卷四的《两爨蛮》条，唯独此语不见于樊绰《云南志》，且与其划分西爨的概念不符，明显也是沿用《通典》的说法。（宋）王钦若《册府元龟》卷九百五十七载：

西爨，古南中也，延袤二千里。

可以概括《通典》一系的西爨概念，是作为一个整体来说的，并不象《新唐书·南蛮传》和樊绰《云南志》关于西爨支离破碎的分法。

樊绰《云南志》虽然没有提到爨氏为王一说，但樊绰《云南志》卷六说：

（晋宁州）西爨王墓，累累在望。

实际也在支持西爨为王的说法。（明）正德《云南志》卷二说：“西爨王墓，在昆明县东一十五里，题曰《大周昆明隋西爨王之碑》，成都闾丘均撰，洛阳贾余绚书。”

（明）谢肇淛《滇略》卷八《文略》也载：

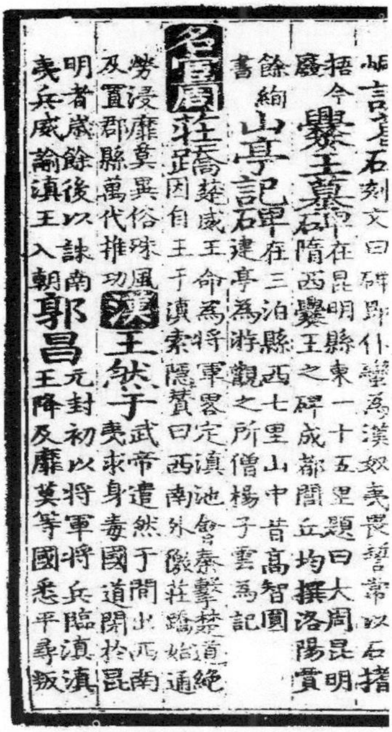
岷言告石刻文曰碑非什饗爲漢奴夷畏誓常以石措
括令
廢
爨王墓在昆明縣東一十五里題曰大周昆明
石隋西爨王之碑成都閭丘均撰洛陽賈
餘絢
書
山亭記碑在三泊縣西七里山中昔高智圓
石建亭爲游觀之所僧楊子雲爲記
名宦
莊蹻楚威王命爲將軍略定滇池會秦擊楚道絕
因自王于滇索隱曰西南外徼莊蹻始通
勞浸靡莫異俗殊風
及置郡縣萬代推功
漢
王然于武帝遣然于間出西南
夷求身毒國道閉於昆
明者咸餘後以誅南
夷兵威諭滇王入朝
郭昌元封初以將軍將兵臨滇滇
王降及靡莫等國悉平尋叛

《明一统志》云南府古迹爨王墓条有与正德《云南志》相同的记述。

闾邱均，成都人，与陈子昂、杜审言齐名。武后时为博士，罢官流寓南中，碑碣多出其手，而《西爨王碑》，其所撰文也。

又卷六《献略》说：

贾余绚，蜀人也，善属文。唐初寓云南，作《两爨王碑》。

照此说，爨氏也似乎确有称王的事实，但既然称《大周昆明隋西爨王之碑》，说明是武后时追立，又是隋朝封之王。隋时封爨氏为王不见于史载，难以查考所说的西爨王是什么性质，但称之为隋西爨王，可以确定是隋朝皇帝所封。《爨守忠碑》全称《大唐故节度副使开府仪同三司兼太常卿南宁一十四州都督袭南宁郡王河东爨公墓志铭》，则唐时也有南宁郡王的封号。此事也不见于史籍，但碑立在唐朝内地，说明是实有之事。这些都是受封，而非自立为王。

爨氏势力的性质

爨氏势力在特殊的历史条件下形成、发展，其发展受到许多内部和外部条件的影响和制约，造就其独具特色的政权组织形态。爨氏政权的一些特点，决定了在南中地区称雄数百年的这一地方势力的性质。爨氏势力的主要特点为：

未曾称王；

辖境及周围地区不能统一；

没有形成国家的构架。

以势逞威南中；

外臣内王；

众多势力中的首位。

以上几点，说明爨氏称霸之说，为对其势力当时状况恰当之描述。

未曾称王，已见前说。

据《爨龙颜碑》的记载，其祖为晋宁、建宁二郡太守、龙骧将军、宁州刺史，父为龙骧辅国将军、八郡监军、晋宁、建宁二郡太守，追谥宁州刺史、邛都县侯，其本人为龙骧将军、护镇蛮校尉、宁州刺史、邛都县侯。从官职封爵看，爨氏至迟到此时已成为南中地区名义上的最高行政长官。许多早期与爨氏并闻，称强一时的南中大姓，都退出历史舞台，让出一片天空给爨氏称雄。如雍、孟、董、李、毛等魏晋之际十分活跃的大姓，南北朝以后便不再见诸史籍，显然也并于爨氏，不成势力。然而，爨氏虽然人才辈出，福运长久，数百年间成为中国西南今云南、贵州一带最大的政治势力，其所能控制的地域也相当有限。即使在其控制范围之内，也有很多大小势力，在爨氏统治下生存、发展。这种状态的存在，与爨氏及当时这一地区当时普遍实行的政治制度有关。多数的政治势力都没有发展为国家规模，而是以家族制度管理所能控制地域。

安宁王氏是唐代还见于记载的爨区较大的政治势力。《王仁求碑》（全称《唐故使持节河东州刺史上护军王府君碑铭并序》）称：

> 君有运理群物之才，□□保边裔之略。无待累次，直综□□。出□使持节河东州诸军事、河东州刺史，加上护军。……长子云麾将军、行左鹰扬卫翊府中郎将使持节河东州诸军事、河东州刺史、上轻车都尉、新昌县开国子公士善宝……。

好像职衔不少，但地域有限。《旧唐书·张柬之传》说：

> 至垂拱四年（688年），蛮郎将王善宝、昆州刺史爨乾福又请置（姚）州。

从中无法明确爨、王两家的关系，但他们能共同奏请再置姚州，说明都有一定的政治势力，且两家关系不错。

据《敕爨仁哲书》，潘州刺史潘明威、僚子首领阿迪、和蛮大鬼主孟谷悮、升麻县令孟耽诸家的地域，也当在爨氏势力范围之内，或与之相邻。前三者在南，孟氏之地（升麻县）在爨区北境，后被并于爨氏。

蜀汉设置的建宁、越巂、云南、牂柯、兴古、永昌、朱提等南中七郡，爨氏得其三。朱提属阿芋路、阿猛、夔山、暴蛮、卢鹿蛮等部乌蛮，牂柯属昆明与谢氏、赵氏等，云南、永昌原为吕氏所据，后吕氏失势，兴起六诏、西洱河蛮等众多势力，爨氏势力的西至，止于今云南省安宁市境。其外就是俭望与徙莫祇两部地域。越巂郡之地则不仅路途遥远，还隔大江，爨氏没有能力染指。爨氏家族虽然一直保持龙骧将军、宁州刺史、八郡监军一类名号，但这些官衔、名号应当是当初投靠成汉政权而得的封赏。有内地政权笼络的时候，可以以此名号相联络，并号召原属宁州的一些地方。但从内部关系来讲，实力决定一切。由于我们能看到的材料，都是当时内地各政权的历史记录，西南的资料就限于与他们发生联系的事件和人物，故以爨氏为多。这很容易让人夸大对爨氏势力的认识，形成独此一家的感觉。实际情况则要复杂得多，势力的分割极细，大小势力众多，关系复杂，争斗、兼并不断发生，但谁也没有能力完成统一。南北朝时期就已存在的各大势力分割局面，由于当时缺乏资料，不得而知，直到唐代能较深入了解的时候，才浮出水面。唐初的局面，并非此时才形成，早已如此。早已有学者分析当时的局势，说：

> 至于牂柯大姓谢氏称强，据地自雄，犹爨氏之在建宁，故唐初黔州都督府所属谢氏首领者，牂州谢氏、庄州南谢蛮、应州东谢蛮、矩州西谢蛮，即自东晋以来相传，自为区域，后不服爨氏者。《华阳国志·南中志》说："祥子元康末为永昌太守。值南夷作乱，闽濮反，乃南移永寿，去故郡千里，遂与州隔绝。吕氏世官领郡，于今三世矣。"《南齐书·州郡志》说永昌郡"有名无民，曰空荒不立。"非爨氏所能管。[71]

南北时期，爨氏虽然没有形成国家规模，却以长期形成的强大势力，称雄一隅。虽在名义上归附内地政权，但没有有内地政权能对其施加其影响，一切权力都集中在爨氏自己手中，所以在其统治区域内，外臣内王或名臣实王是爨氏政权的真实状态。

爨氏的政权组织形式，也没有形成国家的构架。爨氏的政权组织，表面上多沿用内地各王朝的封官、名号，有时自己承袭也沿此不改。但其内部真正起作用的组织形式，还是鬼主制度。唐人所谓的鬼主制度，其实是一种以家族组织为基础的政权组织形式。在鬼主制度中，有话语权的是家族首领，基于自然状态。家族首领有大有小，大能管小，但非行政隶属关系。组织形式比较松散，力量容易分散，不能形成强有力的政治组织。虽有数百年的时间磨砺，爨氏却停滞不前，也没有形成国家的雏形。这一点，和南诏一对比，就可以看得很清楚。南诏由于眼光长远，善于学习，借鉴唐的政治结构，对内进行改造，迅速形成强大势力。两相对比，先进政治制度的优越性立见于前。

南北朝时期，爨氏与南中地区其他的政治势力，维持相同的政权组织形态，没有更大的发展。但能依靠艰苦的经营，不断壮大，众多势力罕能与匹，成为一时的地方霸主。

碑

晉

振威將軍建寧太守爨寶子碑

君諱寶子字寶子建寧同樂人也君少稟瓌偉之質長挺
高邈之操通口清口發自天然冰潔簡靜道兼行葦淳粹
之德戎晉歸仁九甿 即鼎字漢韓勑碑陰河南成甿 唱於名響束帛集於
閭庭抽簪俟駕朝野詠歌州主簿治中別駕舉秀才本郡
太守寧撫氓庶物物得所春秋廿三寢疾喪官莫不嗟痛
人百其躬情慟發中相與銘誄休揚令終永顯 按漢殽民校尉熊君

南寧縣志 卷之九 藝文上 三十三

碑君功顯著集古錄云其書顯字皆為顯說文顯從㬎聲而㬎為顯其失遠矣顧藹吉云從㬎之字諸碑或書作㬎如濕為漯隰為隰之類金石文字記辨之甚詳 初翦其辭曰
山嶽吐精海誕陷光穆穆君侯震響鏘鏘弱冠稱仁詠歌
朝鄉在陰嘉和處淵流芳宮宇數及備得其牖馨隨風烈
耀與雲揚鴻漸羽儀龍騰鳳翔矯翮凌霄將賓乎王鳴鸞
紫閣濯纓滄浪庶民子來繫維同響周遵絆馬曷能赦放
位才之緒遂居本邦志鄒方熙道隆黃裳當保南岳不騫
不崩享年不永一匱始傷如何不弔殲我貞良回抱聖姿
影命不長自非金石榮枯有常幽潛玄穹攜手顏張至人
無想江湖相口於穆不已肅雍顯相永惟平素感慟憾悽
林宗没矣令名遐彰美銘斯誄庶存甘棠嗚呼哀哉

太亨四年歲在乙巳四月上恂立

主簿楊磐 錄事孟慎 西曹陳勃 都督文禮
都督董徹 省事陳奴 省事楊賢 書佐李仂
書佐劉口 幹吏任升 幹吏毛禮 小吏楊利
威儀王口

碑在縣治南七十里楊旗田乾隆戊戌已出土時無知
者故尔未顯新通志載而不詳且復誤繆 通志云在南寧城南五十

南寧縣志 卷之九 藝文上 三十四

里舊越州城外碑云將軍諱子寶號字漫滅建寧同樂人春秋廿三鋸有八字末存十二字 近重修
邑乘搜輯金石遺文始獲爲郡子久太守爲移置城中
武侯祠按蜀漢建興三年置建寧郡晉宋因之晉置同
樂縣建寧郡今碑稱同樂人建寧太守與史合攷爨
琛 蜀錄作爨深 仕晉爲興古太守意必與琛相後先也晉安
帝元興元年壬寅改元太亨次年仍稱元興二年乙巳
改義熙碑云太亨四年乙巳是不知太亨年號改而未
行故仍遵用之耳書法樸茂可喜雖已近楷然批法夠
礫尚有鍾梁遺意第晉宋時俗學鄙習專輒造字如此

（清）毛玉成修咸丰《南宁县志》对宝子碑与三十七部会盟碑出土及保护情况的记述

数百年基业

内地势力退出，爨氏走向独立。在众多的文献中，爨氏成了南中地区王的角色，似乎是最大的首领。然而，爨氏并没有能力完成对南中地区的全面掌控。魏晋南北朝时期，南中的政治势力很多。爨氏势力范围，也只有有限的一部分。其势力范围，主要以爨量、爨琛时期的曾经的控制区域为基础，只是得到不断巩固，扩展却不多。

不同含义的西爨

东爨、西爨或合称两爨，是唐代出现的一个新概念，或用于区分民族支系，或用于表述区域划分和势力分界。词本于爨氏，含义却不尽相同。

樊绰《云南志》和《新唐书·南蛮传》都说西爨是白蛮，东爨是乌蛮。在这一点上，两书之间没有什么差异。但对于东、西两爨的地域划分，却有很大的出入。其他的文献，或同前者，或从后者，分成了截然不同的两派。

《云南志》版的西爨

樊绰《云南志》卷四说：

> 在石城、昆川、曲轭、晋宁、喻献、安宁至龙和城，谓之西爨。在曲、靖州、弥鹿川、升麻川、南至步头，谓之东爨。

以上所提到的地名，石城在今云南省曲靖市麒麟区，昆川在今云南省昆明坝子，曲轭在今云南省陆良县一带，晋宁在今云南省晋宁县属的昆阳一带，喻献在今云南省澂江县一带，安宁即今云南省安宁市，龙和城的位置不

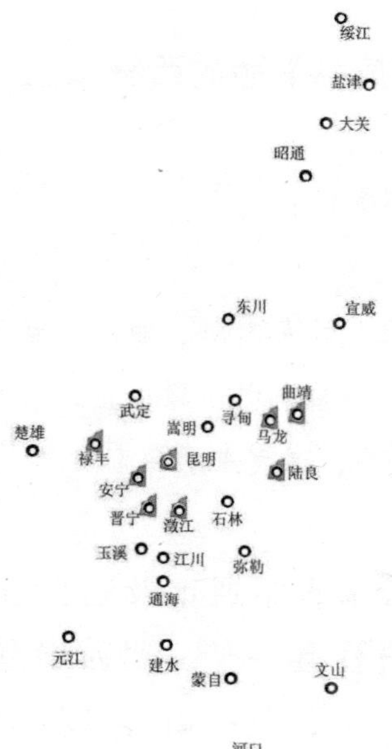

《云南志》版西爨区域示意图。

确，但可知在安宁之西。曲州、靖州的地域主要在今云南省东北部的昭通市，升麻川在今云南省寻甸回族彝族自治县和嵩明县一带，弥鹿川的地望不详，步头在今元江哈尼族彝族傣族自治县一带。

按照樊绰《云南志》的说法，西爨的地域是从今云南省曲靖市麒麟区一带，到陆良县，再到昆明市区及附近的晋宁、澂江、安宁等地。东爨的地域则从今滇东北的昭通市，过寻甸、嵩明一带，西南抵红河沿江地区。按这种分法，东爨是从东北直抵西南，西爨却被分割成了东西两片。

《新唐书》版的西爨

《新唐书·南蛮传》说：

自曲州、靖州，西南昆川、曲轭、晋宁、喻献、安宁距龙和城，通谓之西爨白蛮；自弥鹿、升麻二川，南至步头，谓之东爨乌蛮。

照此分法，今云南省昭通市及陆良县、昆明市区、安宁、晋宁、澄江县一带，属西爨范围。东爨则仅有寻甸、嵩明一带，及往南直抵红河的地区。这种分法，仍然将西爨分割成两部分。没有把石城列入，则当属传抄之误。

《资治通鉴》、《文献通考》、《元史·地理志》都有两爨条目，引文都与前引《新唐书·南蛮传》文相同。《新唐书·南蛮传》在东谢蛮条的表述，也持《新唐书·南蛮传》一样的看法，说明《新唐书》对此事的认识是统一的。

《新唐书·南蛮传》说：

西爨之南，有东谢蛮，居黔州西三百里，南距守宫僚，西连夷子，地方千里。

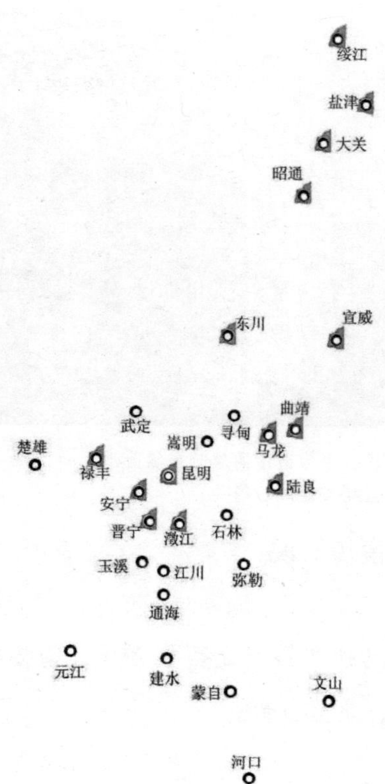

《新唐书》版西爨区域示意图。

黔州治今重庆市彭水县，黔州以西的东谢地，所谓在西爨之南，即指在曲州、靖州之南而言，和《新唐书·南蛮传》将曲州、靖州列入西爨范围相一致。《旧唐书》无西爨条目，但《旧唐书·南蛮传》也有南谢蛮条，表述虽与《新唐书·南蛮传》在东谢蛮条略有出入，含义却完全一样。

昔为险道，今为通途的唐时东爨曲州、靖州地区要道盐津石门关。

《旧唐书·南蛮传》说：

> 东谢蛮，其地在黔州之西数百里，南接守官僚，西连夷子，北至白蛮。

《册府元龟》卷九五七录文同；《太平御览》卷七八八引《唐书》文与此相同。

“北至白蛮”显然和《新唐书·南蛮传》“西爨之南”是一样的意思。只是因为《旧唐书》单列东谢蛮条，以此为主表述，说“北至白蛮”。《新唐书》附在两爨蛮条后，从西爨起表述，故说在西爨之南。都说明东谢蛮之地北与曲州、靖州两州之地相连。白蛮和西爨，自然是指同一地区，同一些人，是将此两州作白蛮（即西爨）地。

从地理概念看，《新唐书》的两爨划分，完全是南北相对而非东西相对。

云南后来的一些文献，实际也从《新唐书·南蛮传》的分法。如倪蜕《滇小记》滇云夷种、（清）檀粹《滇海虞衡志》卷十三、（道光）《云南志抄》三爨氏家世等。

阁罗凤强迁西爨白蛮，按理不该牵涉到曲州、靖州，但樊绰《云南志》于此又说两州之地也“荡然兵荒”，显然是以曲、靖州入西爨地。不过，《南诏德化碑》既然说“恩收曲、靖”，则加兵两州地区的说法，并不可信。

东、西两爨的地域划分，樊绰《云南志》和《新唐书·南蛮志》可能都来自同一种文献，是在传抄过程中出现错误，才导致有严重的分歧存在。我们现在已经不可能知道原始文本是什么样子，也无法用这种划分来认定爨氏的控制区域。

南宁州都督辖区不等同于爨氏地域

南宁州都督的设置和辖区，或置或罢，或分或合，变化极繁。唐政府最初设南宁州总管或都督，并没有委任爨氏为总管或都督，而是直接派员任事。极频繁的变化与政府对这一地区的控制能力和管理上的方便有关。政府虽曾派人到南宁州地区和姚州地区进行经营，但未能很好立足。只能从外围的巂州、戎州、安南三个方向，向今云南、贵州两省范围内的广大地区拓展，逐步深入。由此可见，南宁州都督设置，不是建立在爨氏势力基础之上，而是决意开拓，恢复旧时政府属地和建置，所以，都督府所属州县与爨氏祖业，没有必然的联系。也不能用南宁州都督的辖境来概括爨氏势力范围。

南宁州的行政区域设置变化

按《旧唐书·地理志》的说法，武德元年（618年），开南中置南宁州，武德四年，置南宁州总管府，五年，罢南宁州总管，当年冬天，又恢复其建置，却寄治益州，未到南宁州设官署。七年，改为南宁州都督。八年，自益州移都督于今治。贞观六年（632年），罢南宁州都督。

《旧唐书·韦仁寿传》说韦仁寿本是巂州都督府长史，只因朝廷派到南宁州安抚的官员，经常索贿受贿，当地人不堪其扰，甚而激成民变，反抗政府，才委任他为检校南宁州都督。同时规定可以就在越巂办公，只需每年到南宁州地方去一次。因其南下处理事务公允，受到当地人信任，才又提出就地办公，但因上级官员阻挠，未能施行。

戎州都督府的设置

戎州都督府的设置，与南宁州都督关系密切。据《旧唐书·地理志》记载，武德六年置戎州都督府，领十七州，除戎州外，余十六州，与南宁州都督辖州同。又《旧唐书·地理志》于益州条下说贞观六年罢南宁州都督更置戎州都督。知戎州条下之武德六年为贞观六年之误。是在废止南宁州都督设置时，将其所辖州改隶戎州都督。《新唐书·地理志》载，武德八年南宁州更名郎州，贞观元年罢都督，开元五年复故名。武德七年置南宁州都督，寄治巂州，八年移治味县，贞观六年罢都督，改隶戎州都督。

郎州都督府的设置

《新唐书·南蛮传》说贞观二十三年以徙莫祗、俭望蛮地设傍、望、览、丘、求五州，隶郎州都督府，则贞观二十三年郎州都督尚存。又《新唐书·南蛮传》说撤销郎州都督，代之以戎州都督，在永徽初年（650年后），则改变设置在此时。

姚州都督的设置

姚州都督的设置，更在其后。《旧唐书·张柬之传》说姚州是龙朔（661～663年）中武陵县主簿石子仁奏请设置，因无法有效控制而放弃。到垂拱四年（688年），蛮郎将王善宝、昆州刺史爨乾福又请重新设置姚州。

南宁州都督所辖州曾经完全被打乱

到开元年间，南宁州都督所辖州曾经完全被打乱，划隶三个都督府。《敕安南首领爨仁哲书》提到十个人，分属三个都督府。爨仁哲、潘明威、阿迪、孟谷悮属安南都护府辖，爨彦征、爨嗣绍、爨曾属姚州都督府辖，爨归王、爨崇道、孟躭属戎州都督府辖。从地理位置看，属安南都护府者居南，属姚州都督府者靠西，属戎州都督府者居东。

爨氏当任都督，是后来的事

《新唐书·南蛮传》说唐高祖即位，以爨翫之子爨弘达为昆州刺史，说明爨弘达最初的职衔为昆州刺史。又说爨归王为南宁州都督，驻石城，则又恢复南宁都督建制，并委爨氏为都督。从南宁州总管及都督等一系列的设置变动及移治成都等情况看，总管、都督最初并非任用爨氏，而是由俞大施等人主持，由其经营金沙江以南的广大地方。由爨氏当任都督，是后来的事。唐朝政府委任当地土著首领为都督，并非常例，此举是不得已而为之。唐在贞观以后，到开元、天宝之时，在东部的南宁州及周围地区和西部的姚州及其周围地区的经营，都不成功，所以，东边以爨氏维系地方，西边以南诏维持局面。爨氏任南宁州都督是在这种情况促成的。

爨氏主要控制区域

从今曲靖到昆明为爨氏中心区域

据《新唐书·地理志》所载，曲、靖两州以南，相连又靠东的有南宁、昆、黎、钧、麻、盘六州。南宁州一

遥遥在望的滇池东岸，就是《蛮书》记载有很多西爨王墓的晋宁，现已无迹可寻。

度改称郎州，麻州即由郎州分出，也就是说，原来属南宁州的范围之内。

昆州在滇池周围地区，地域也比较清楚，其地东与南宁州接。《新唐书·地理志》说昆州领益宁，晋宁，安宁，秦臧四县。益宁在昆明，安宁即在今云南省安宁市一带，秦臧在今云南省富民县一带，晋宁也在今云南省晋宁县一带。

今红河、文山、玉溪等区为爨氏控制区域

南宁州、麻州、昆州三州以南，即是《云南志》、《新唐书·南蛮传》所划的东爨区域。按《新唐书·地理志》的记载，该地区只有盘、黎、钧三州。《新唐书·地理志》说梨州北接昆州，领梁水、绛二县。又说钧州东北接昆州，领望水、唐封二县。两州属县虽少，却已据有今云南省红河哈尼族彝族自治州和玉溪市的大部分地区。又说盘州为过去的兴古郡地，南接交州，领附唐、平夷、盘水三县。则其地主要在今云南省文山壮族苗族自治州。这是早期州还没有划小、增置时的情况。

《新唐书·南蛮志》说显庆元年（656年）郎、昆、梨、盘四州大首领王伽冲率部落四千人归附，入朝贡方物。照此看，郎、昆、梨（黎）、盘四州似乎是由王氏控制，但显非可靠。因为唐初，爨弘达就被政府任命为昆州刺史，以后开元、天宝年间的几种记载，昆州、黎州、

郎州都是爨氏的势力范围，王氏不可能插手其间，篡爨氏之权，是以某种名义投效政府，很可能得到爨氏认可或授意。

从这一点，反过来说明，盘州没有明确记载有爨氏家族人员主政，其属爨氏，也无疑问。

爨氏南境接安南

《新唐书·地理志》说：

安南经交趾太平，百余里至峰州。又经南田，百三十里至恩楼县，乃水行四十里至忠城州。又二百里至多利州，又三百里至朱贵州，又四百里至丹棠州，皆生獠也。又四百五十里至古涌步，水路距安南凡千五百五十里。又百八十里经浮动山、天井山，山上夹道皆天井，间不容跬者三十里。二日行，至汤泉州。又五十里至禄索州，又十五里至龙武州，皆爨蛮安南境也。又八十三里至傥迟顿，又经八平城，八十里至洞澡水，又经南亭，百六十里至曲江，剑南地也。又经通海镇，百六十里渡海河、利水至绛县。又八十里至晋宁驿，戎州地也。

据此，则其划分虽与《敕安南首领爨仁哲书》的划分有出入，大致也可对比。路程中所说的剑南地与戎州地，属于《敕安南首领爨仁哲书》中姚州地的范围。龙武州以下到古涌步的所谓爨蛮安南境，则是《敕安南首领爨仁哲书》中安南地的范围。

《新唐书·南蛮传》说：

> 乌蛮种复振，徙居西爨故地，与峰州为邻。贞元中，置都督府，领羁縻州十八。

这一段话与前文关于东、西两爨划分的叙述相矛盾，但说爨地与峰州为邻，则是事实。并且，以爨氏能实际控制的地域论，此以与峰州接境部分列入西爨故地，更符合史实，反是其东、西两爨划分与史实出入太大。由此看来，魏晋以来，原兴古郡之地，俱在爨区范围之内。

爨氏西境止于求州、龙和

爨地的北境，在西部应在求州。《新唐书·南蛮传》说：

> 爨蛮之西，有徙莫祗蛮、俭望蛮，贞观二十三年内属，以其地为傍、望、览、邱、求五州，隶郎州都督府。

并不把求州及其他四州列在爨区之内。但《南诏德化碑》提到求州爨守懿，则求州为爨氏一大势力。

据《新唐书·地理志》载：

“傍州贞观二十三年，诸蛮末徒莫祇、俭望二种落内附，置傍、望、求、丘、览五州。

《册府元龟》与《资治通鉴》也载此事，但只提傍、望、览、丘四州，也不提俭望，说明两所不载的求州即为俭望蛮的居地。二部一同归附，同时设州，则地当相接。

《新唐书·地理志》说：

縻州本西豫州，武德七年置，贞观三年更名。南接姚州。初为都督府，督縻、望、謻罗三州，后罢都督。

这三州既然曾设置一个都督府统辖，地域应当相连成一片。以与姚州的地域关系看，縻州在今云南省永仁、元谋一带。

《元史·地理志》说：

定远。下。在路北，地名目直睒，杂蛮居之。诸葛孔明征南中，经此睒，后号为牟州。

元代既设牟州，原设牟州之事当有据。牟与望音近，只是有无鼻音的区别，所以，有学者提出望州、牟州之设，都来自目直睒一名。[72]

览州在今云南省楚雄市一带，有明确记载。[73]

《元史·地理志》武定路军民府说：

> 至段氏使乌蛮阿劚治纳洟朌共龙城于共甸，又筑城名曰易龙。

又说：

> 易笼者，城名，在州北，地名倍场。县境有二水，蛮语谓洟为水，笼为城，因此为名。

以地理位置和语音对应关系看，《新唐书·地理志》的謻罗州就是《元史·地理志》中的易笼。謻字《广韵》弋支切，喻支开四，音ie。[74]易笼彝语作，意为水城。謻、易都是彝语水的近音字。易笼旧城城址尚存，位于原云南省禄劝彝族苗族自治县云龙乡政府驻地。云龙系易笼转音，意为水城，因城建于勒溪夷（今安则河）与东溪夷（今云龙河）之间，故名。全城占地约1平方公里，城墙系土筑而成，四角有土墙瓦顶城楼，是境内修筑最早的城墙，现尚残存部分城墙遗址。[75]其地望在今已在云南省禄劝彝族苗族自治县云龙水库库区。

已有学者考证俭望即罗婺之对音，[76]认为求州在今云南省武定县一带。贞观年间所设求州，后为罗婺部地。[77]

据此我们可以确信，今云南省武县及云南省禄劝彝族苗族自治县一带，并不在爨氏势力范围内。天宝年间爨守懿有求州，是后来出现的情况，可能爨氏对其控制也有限，所以文献都不把求州列入爨区之内。

龙和与步头

由于文献在两爨划分上的上述问题，我们不可能据其确定两爨的分界，也就无法确定爨氏的辖区。要解释这一问题，只能在更多文献的基础上进行综合分析。

樊绰《云南志》和《新唐书·南蛮传》都说龙和

武定狮子山。武定唐为求州，曾属爨氏，有求州首领爨守懿。

城是西爨地域的极西境，步头是其极西南境，所以，讨论两爨地域范围，龙和城和步头的地望是首先要解决的问题。

樊绰《云南志》卷六说“从安宁城至龙和馆一日”，说明龙和在安宁以西一程之地。

樊绰《云南志》卷一说拓东城至安宁为一日程，《读史方舆纪要》卷一百十四说安宁在云南府西七十里。两相对照，大致以七十里为一日程。禄丰距安宁百八十里，即使日程略有增加，也在二程之外，也不能和安宁以西一程的龙和对应。

且龙和与禄丰，以音字相较，也无法对应。《元史·地理志》说：

> 至元十二年，割安宁千户之碌琫、化泥、骥琮笼三处立禄丰县。因江中有石如甑，俗名碌琫，译谓碌为石，琫为甑，讹为今名。

则禄丰原本作碌琫。琫与和之间，显然没有读音上的对应关系。

碌琫其实是樊绰《云南志》卷六提到的龙封驿，当时的发音，封与琫相近。樊绰《云南志》卷六说：

> 安宁镇，去柘东城西一日程，连然县故地也。通海镇，去安宁西第三程至龙封驿。驿前临

瘴川，去柘东城八日程，汉俞元县故地也。

此处错乱，不可卒读。

通海镇，去安宁西第三程至龙封驿。驿前临瘴川，去柘东城八日程，汉俞元县故地也。

传抄有误，是将通海镇的内容前置，误入安宁镇条中，稍作调整，即可成句，只是通海至拓东八日程之说也误。

即调整为：

安宁镇，去柘东城西一日程，连然县故地也。去安宁西第三程至龙封驿，驿前临瘴川。通海镇，去拓东城八日程，汉俞元县故地也。

《读史方舆纪要》所载一百八十里的距离，与安宁距龙封三程之说，虽略有出入，但龙封可对禄丰之音，禄丰有瘴见于《元史·地理志》记载，可信其同为一地。

由此可见，龙和非禄丰甚明，惟可知其地距安宁西一日程，可能还在今云南省安宁市范围之内，就是爨氏势力所能控制的最靠西之地。

《南诏德化碑》说：

十四年春，命长男凤伽异于昆川置拓东城，

居二诏，佐镇抚。于是威慑步头，恩收曲、靖。颁诏所及，翕然府从。

又说：

东爨悉归，步头已成内境。

将步头当作爨地极边某地。樊绰《云南志》和《新唐书·南蛮传》，都将步头说成东爨西南极边之地。《南诏德化碑》从曲、靖州，说到步头，应该是指南诏东进后占有的全部地方。

《元史·地理志》说建水古称步头，但《云南志》卷六既说从步头船行，沿江三十五日出南蛮，则步头是江边码头，不可能在建水。

因为从通海到贾勇步入真州、登州、林西原的路，即《云南志》卷一所载安南到拓东城的路。此道过通海就到今云南省建水县的曲江镇，再过建水附近，就折向东，到云南省蒙自县，再往南，直到今云南省河口瑶族自治县一带，才转行水道。从法国学者伯希和著《交广印度两道考》时，就认定步头不在建水。但伯希和以步头为爨地最南端，认为就是贾勇步。[78]

据《云南志》卷一的记述，贾勇步是原安南都护府与南诏的交界。但前引《云南志》卷六文说步头船行三十五日才出南诏境，虽然日程不一定对，但所谓出南诏

红河流过城边的元江城——《云南志》中提到的爨地西南极边地宣城或步头就在这里。

境，应该是指贾勇步而言。也就是说，步头在从贾勇步顺红河西北行，相距较远的一江边之地。还可明确其地在今红河建水段西北，因为《云南志》卷六已明确说步头路与过通海、曲江的路不是一条，是另一条因水道行程较长而行人较少的道路，此道在还没有到通海之前已分道，直指红河江边之步头。由此看来，方国瑜将步头的位置认定在今云南省元江哈尼彝族傣族自治县县城所在的坝子，[79]是可信的。

樊绰《云南志》卷四既说：

当天宝中，东北自曲靖州，西南至宣城，邑落相望，牛马被野。

又说：

> 在石城、昆川、曲轭、晋宁、喻献、安宁至龙和城，谓之西爨。在曲靖州、弥鹿川、升麻川，南至步头，谓之东爨，风俗名爨也。

宣城和步头都是爨地的西南境，所以有人认为两者同为一地，宣城为本名，步头则是以为水边码头得名。宣城即元明以后地志所载的惠笼，彝语笼即城，宣城为惠笼之异字。[80]

爨氏势力范围的形成

爨氏势力养成于汉晋数百年间，得势于晋以后的乱世。《华阳国志·南中志》提到，由于王逊滥杀无辜，作为自保计，建宁爨量与益州太守李逷、梁水太守董慬保兴古盘南，对抗王逊暴政。李、董二人都为太守，爨量无职衔，但主角却是爨量。《华阳国志·南中志》于西平郡说王逊任宁州刺史时，爨量保盘南，逊出军攻讨不能胜。尹奉继任刺史，募人刺杀爨量，又诱降李逷，才又恢复了对这些地区的管控。

爨量虽死，爨氏对这一地区的控制，却固定了下来。当初李逷、董慬二人虽为太守却附和爨量的原因，在于李遏、董憧都是地方大姓，虽为太守，势力不如爨氏，只能相随其后。晋成帝咸和八年（公元333年）成汉政权占领南中。据《华阳国志·李特雄期寿势志》载，咸和九年（公元334年）曾分宁州置交州，以霍彪为宁州刺史、建宁爨深为交州刺史。

交州刺史爨深控制的地盘，主要就是爨量等人原来占据的地盘。李成以霍彪为宁州刺史、建宁爨深为交州刺史，打破了原宁州一统的格局，形成两大对等势力。在这个过程中，得利最多的是爨氏。霍氏势力破败以后，爨氏就成了南中地区唯一的州级行政长官。当初分宁州、交州，建宁、晋宁本属宁州，后取消交州，爨氏得宁州刺史职衔后，两郡也归其治下。

据《爨宝子碑》和《爨龙颜碑》，爨宝子与爨龙颜，一为建宁太守，一则先从晋宁太守起，兼二郡太守，说明两郡之地已成为其家族固定的基业。不提兴古郡、梁水等郡，可能承袭龙骧将军、宁州刺史一职者，只掌晋宁、建宁二郡事，其余诸郡，另任他人。

《隋书·梁睿传》提到：

> 其宁州、朱提、云南、西爨，并置总管州镇。

从这种提法可以明确一点，作为地域概念的西爨，是朱提、云南之外的一片地方，即西不及云南，东不跨朱提。其实就是据有原南中七郡中的建宁、兴古两郡之地。这一情况到唐初，及至爨氏覆亡，都大致相同，变化不大。

爨氏就是以此为基础，逐步形成唐初的控制地域。

一个时代的终结

由于地缘的关系，得巴、蜀者，都想图汉、晋时曾建立稳定地方政治机构的南中地区。但在魏晋南北时期，内地时局多变，祸乱频仍，无力顾及爨氏所在的南中地区，多是遥与联结，维持彼此间名义上的隶属关系。爨氏得以逍遥自在，闭门自王。隋唐天下一统，掩有巴蜀之后，以恢复旧域为念，对南中是志在必得。强起对抗，实力悬殊，难有胜算，这是明摆着的；但据地称王既久，招手即为人臣，心有不甘。爨氏就是在顺与抗的不断摇摆中与隋、唐随行，艰难维持自己的势力和地位。屋漏偏逢连夜雨，兄弟阋墙，断送了数百年基业，结束了一个时代。

不审时受重创

北方的魏、周等政权，据蜀之后，即联络爨氏，授予官职，以相维系。是因忙于南北交争，无力顾及爨氏及邻近各大小政治势力。至杨坚执掌北周权柄，梁睿平巴蜀之乱后，认为南宁州之地易取，上疏建议即取南宁。这项建议很受杨坚的赞许，只因其忙于内图篡权，恐民心不安，要集中力量防范内乱，不敢轻于动武远图，梁睿的计划才被搁置下来。但此志不灭，故在隋一统天下若干年后，就有史万岁南征之举。

据《新唐书·南蛮传》记载，隋开皇初年，爨氏遣使朝贡，隋政府派韦世冲带兵去戍守，设置了恭州、协州、昆州。隋文帝的《罪万岁诏》提到而昆州刺史爨翫，[81]说明隋给爨翫的职衔，就是昆州刺史。恭州、协州并不在爨氏控制区，其设置恐怕与爨氏入朝没有直接关系。

按照《隋书·韦冲传》的记载，韦冲是被任命为南宁州总管，持节去招抚地方势力，同时还派了上柱国王长述带兵跟进，作为支持。韦冲到南宁州后，爨氏首领爨震及其他的头面人物都来拜见，表现出了极大的诚意，开始工作还算顺利。隋文也曾下诏表扬了他的成绩。但随后就发生了其侄子韦伯仁抢有夫之妇，士兵横行害人等事，造成极坏的影响。韦冲受牵连被免职，后来的工作开展情况，不见记载，不得而知。但开皇十七年又派史万岁率领大军南征，说明是出了问题。

史万岁南征的最后的结果，是史万岁取得军事上的全胜，爨氏只得俯首听命。但在军事行动成功后，隋政府的政治措施却没有跟上，注定是一次失败的行动。

按常规的做法，军事行动成功之后，都要设官立治，巩固统治，作为最终的政治目标。隋政府虽在此之前也设过数个州、郡，但都是任用地方势力，没有委官派员，直接管理。史万岁南征的初衷，应该是控制地方，扩展势力，但事后却没有这样做。史万岁南征之时，政府就没有做好战后收拾局面的准备。是史万岁建议带爨翫入朝。爨翫正是看到隋政府没有下决心派官设治，长久坚持，才想到史万岁回军之后，隋政府鞭长莫及，自己可以一如既往，保持权力，所以就想方设法，避免涉险入朝。史万岁大概没有考虑太多，收了点贿赂，就不顾违抗皇命，放弃原本出于自己的计划，空手回军。

而次年之所谓爨翫复反，可能主要就是要他入朝，没有答应。对于爨翫的不合作态度，隋政府采取的是第二次的军事进攻。此次军事行动的具体情况，不见于记载，但对爨氏的打击，远较第一次大。第一次可以和史万岁谈条件，说明史万岁的军事行动，留有余地。第二次进攻则是纯粹的军事行动，目的是摧毁爨翫的势力。此次行动似乎同样没有体现隋政府对这一地区的政治抱负。爨翫被俘，杀于京城，其诸子则被罚没为官奴。南宁州之地则弃之不顾，一场耗费巨大、规模不小的军事行动，成了隋文帝杨坚发泄对爨翫不听命的怒气的闹剧。

隋政府从此次行动，几乎没有什么收益可言,但对爨氏来说，却是极致命的打击，爨氏几百年基业的覆亡，由此埋下根源。

祸福相倚的唐初复兴

由于朝代更替，隋灭唐兴，隋时受到重创的爨氏又有了转机。作为经营南宁州地区重要措施，唐政府把被隋文帝没为官奴的爨翫诸子放回故乡，允许他们把爨翫的遗体运回家乡安葬，同时把爨翫之子爨弘达任命为昆州刺史。益州刺史段纶又派俞大施到南宁，在共范川设治所，招诱当地各部势力归附唐政府。

唐初的措施其实是将其一家从隋的责罚中解放出来，恢复旧有的地位。唐政府任命爨弘达为昆州刺史，就是恢复隋给爨翫的职衔。

唐的目的是以爨氏为前导经营南宁州，一方面派人南进，另一方面则是重用爨氏。

唐朝政府在其建立初期，除重爨氏以为先导外，曾经派官员经略南宁州地区，力图建立正常的地方政治秩序。但由于政府决心不大，投入的人力物力有限，任用的官员又多贪狡昏愚，心术不正，不堪大任，没能打开局面。

唐的地方管理机构设置，原本在南宁州地区，称南宁州都督，驻今云南省曲靖市麒麟区。后来退出，把管理爨区及附近地区的权力移交给新设的戎州都督府，其驻地在今四川省宜宾市。后来又把这一地区的管理权，分割给姚州都督府、戎州都督府、安南都督护府三家，只起到从外围监视的作用，不能实际行使管理权。后来干脆又恢复南宁州都督，任命爨氏家族的人为都督，实际已放弃对这一地区的控制。隋朝的打击、掳掠，重创爨氏；但爨氏支族甚多，军队一走，地方的控制权还在爨氏族人手中，其统治的连续性没有被打破。到此时又得以恢复元气，其权力和控制地域一如隋军打击前的状况，甚至还有扩张的势头，灭孟氏，并其地，就是一例。

阴谋的受害者——安宁事件

唐政府之所以任命爨氏首领作南宁州都督，并非出于本心，乃因无力控制、管束，不得已让权。西南地方的官员，一直都在梦想侵并爨氏势力。最后生出一项阴谋，意图中间开花，一举而灭爨氏，并有其地。

樊绰《云南志》卷四说：

> 及章仇兼琼开步头路，方于安宁筑城。群蛮骚动，陷杀筑城使者。

从樊绰《云南志》的记述本身，我们很难弄清为什

名類第四
西爨白蠻也東爨烏蠻也當天寶中東北自曲靖州西南至宣城邑落相望牛馬被
野在石城昆川曲軛晉甯喻獻安甯至龍和城謂之西爨在曲靖州彌鹿川升麻川
南至涉頭謂之東爨風俗名爨也初爨歸王爲南甯州都督理石城襲殺蓋騁蓋啓
父子（案原本誤作孟啓今據新唐書改正）遂有升麻川歸王兄摩湴湴生崇道理曲軛川爲兩爨大
鬼主崇道弟日進日用在安甯城及章仇兼瓊開步頭路方於安甯築城羣蠻騷動
陷殺築城使者元宗遣使勅雲南王蒙歸義討之歸義師次波州而歸王及崇道兄
弟爨彥璋等千餘人詣軍門拜謝請奏雪前事歸義露章上聞往返二十五日詔書
下一切釋罪無何崇道殺日進又陰害歸王歸王妻阿姹烏蠻女也走投父母稱兵
相持諸爨豪亂阿姹私遣使詣烏蒙舍川求投歸義即日抗疏奏聞阿姹男守偶（案新唐書作守隅）
遂代歸王爲南甯州都督歸義仍以女妻之又以一女妻崇道男輔朝崇

《云南备征志》本《蛮书》中关于两爨区域划分及安宁事件的叙述。

么修一条路会招来如此强烈的反抗。樊绰的记述是站在很多唐朝官员的立场上，带着偏见来说事。《新唐书·南蛮传》说：

> 有两有两爨大鬼主崇道者，与弟日进、日用居安宁城左，闻章仇兼琼开步头路，筑安宁城，群蛮震骚，共杀筑城使者。

也是避重就轻，不问屈直。据《南诏德化碑》的记载，参与此次攻杀安宁筑城使者行动的人，有南宁州都督爨归王、昆州刺史爨日进、黎州刺史爨祺、求州爨守懿、螺山大鬼主爨彦昌、南宁州大鬼主爨崇道等，已经召集了爨氏家族所有能动员的力量。爨氏如全力以赴，是因为在安宁筑城的背后，暗藏一个置爨氏于死地的大阴谋。

《唐剑南东川节度使鲜于公经武颂》说：

> 南蛮西戎，旧为敌国，伺我休戚，为尔进

退。国家之有天下也，或怀柔羁縻，与之连和；或掩义背德，与之交锋。寻盟问罪，不无事矣。[82]

这代表当时一些官员对待南诏和吐蕃等地方势力的态度。南诏兴起前的西河地区本属姚州都督府辖，其余则属南宁州都都督或其他都督府，所设州县都属羁縻州县的性质。由于不能有效控制，反生嫉恨之心。并不以国民来看待，而视为待征服、控制的区域。一些官员以兼并、控制各地势力为立功机会。

《南诏德化碑》指责李宓等人为求邀功受赏，不惜无中生有，挑起事端，事实明确，累有发生。而其导因就在于受上述观念的左右，官员借此胡作非为，难免越弄越糟，直至不可收拾。

直到南诏崛起之后，李泌、韦皋等重新进行反思，才认识到这种政策的失误，改变在西南地区的策略，来收拾局面。但对唐而言，失误太大，已无法挽回。

安宁事件就是在这样一种思想影响下挑起的。所谓修步头路，就是要修一由滇池地区过步头通往安南都护府的官道。

从正常的物资运输，及沟通政府与南南都护府的关系而言，由滇池到西蜀的道路极为恶劣，远较走岭南为差，没有实际价值。此举只有一个简单的目的，就是要打通南北通道，连结剑南节度和安南都护的力量，南北夹击，中心开花，横扫爨区及周围地区，彻底消灭爨氏势力。

自隋代任命爨翫为昆州刺史，至唐也任命爨弘达为昆州刺史，知昆州乃是爨氏的腹心之地。章仇兼琼派竹灵倩在安宁修筑城池，其对付爨的阴谋已昭然若揭。灭爨之心为真，筑路只是借口。

爨氏家族对此认识也很明确，认为为关系到家族生死存亡的大事，才不顾一切，举兵杀了竹灵倩，打破其筑城计划。

章仇兼琼任剑南节度使开元二十七年（739年）十二月，到天宝五载（745年）五月，章仇兼琼改任户部尚书，则安宁事件就发生在739年～745年之间。

诸爨破安宁城，杀竹灵倩以后，章仇兼琼等人并没有什么应对措施。还好当时南诏已颇具实力，利用其兵力压制诸爨，才没有酿成更大的兵灾。《新唐书·南蛮传》说：

> 玄宗诏蒙归义讨之。师次波州，归王及崇道兄弟千余人泥首谢罪，赦之。

记载简约，没有说明军不成行，诸爨即被赦的原因。樊绰《云南志》卷四说：

> 玄宗遣使敕云南王蒙归义讨之。归义师次波州，而归王及崇道兄弟、爨彦璋等十余人，诣

军门拜谢，请奏雪前事。归义露章上闻，往返二十五日，诏书下，一切释罪。

所谓“诣军门拜谢，请奏雪前事”云云，就是要说明爨氏家族杀竹灵倩，破安宁城有理。诸爨杀官乃是谋反之罪，玄宗皇帝下诏，一切释罪，其实就承认他们有理。当然，事件的主使章仇兼琼，也没有被追究什么责任，反而得到提升。唐朝中央对此事其实是采取了一种息事宁人，不了了之的态度。

相对章仇兼琼的胡作非为，此乃切合实际的明智之举。唐朝中央政府的官员很明白一个道理，再行用兵，于唐朝政府并没有丝毫的好处。爨氏受打击或被灭，得利的是南诏。《南诏德化碑》说：

天恩降中使孙希庄、御史韩洽、都督李宓等，委先诏招讨，诸爨畏威怀德，再置安宁。

所畏者不是唐的军威，而是南诏兵势。由于官员无德，皇帝的德惠也被摧残。南诏成了此次事件最大的受惠者。

《南诏德化碑》总结安宁事件的起因，比较切中要害。《南诏德化碑》说：

初，节度章仇兼琼不量成败，妄奏是非。遣

越巂督竹灵倩置府东爨，通路安南。赋重役繁，政苛人弊。

一则其出发点有误，二则当时政府实力不济，无论如何都是一项错误的举措。

内乱而亡

安宁事件顺利解决，爨氏避过一次次致命的劫难。外部的压力没有搞跨爨氏，是内乱彻底断送了爨氏数百年的基业。安宁事件刚解决不不久，爨崇道杀害了爨日进和爨归王。按照樊绰《云南志》卷四的说法，日进是“杀”，归王是“阴害”，应该是一系列阴谋的结果。爨日进是爨崇道的弟弟，家中以他作都大鬼主的爨崇道为大，大概是找什么借口就把爨日进杀了。而爨归王是爨崇道的叔叔，又是爨氏最高首领，平常手段奈何不了他，只能阴谋暗杀。爨崇道这一系列阴谋活动的目的，应该是为了谋夺爨氏最高首领的位子。可惜他运气不好，害死叔叔，却招来了更难利害的对手，就是他的婶婶，也就是爨归王的妻子阿姹。

阿姹是乌蛮家族嫁过来的，娘家有势力。遇事立刻回娘家搬救兵，以武力对抗爨崇道。爨崇道以为孤儿寡母好欺负，不想是自取其辱，形成两派对立局面。其他的爨氏头人，是支持这边的有，支持那边的也有，乱成一堆。

《南诏德化碑》的记载，补史籍所未载，说明其导因在于少数政府官员挑拨离间。《南诏德化碑》载：

“其李宓忘国家大计，蹑章仇诡踪，务求进官荣。宓阻扇东爨，遂激崇道，令煞归王。议者纷纭，人各有志。王务遏乱萌，思绍先绩。乃命大軍將段忠国等与中使黎敬义、都督李宓，又赴安宁，再和诸爨。而李宓矫伪居心，尚行反间。更令崇道谋煞日进，东爨诸酋，並皆惊恐。曰：‘归王，崇道叔也；日进，弟也，信彼谗构，煞戮至亲。骨肉既自相屠，天地之所不祐。’乃各兴师，召我同讨。李宓外形中正，佯假我郡兵，内蕴奸欺，妄陈我违背。赖节度郭虚己仁鉴，方表我无辜。李宓寻被贬流，崇道因而亡溃。”

《南诏德化碑》的上述记载，说明爨氏内乱的罪魁祸首是李宓。整个事件就是他唆使爨崇道谋害爨归王、爨日进诸人，而其过程，则是先杀其叔爨归王，再害其弟日进。李宓的阴谋，表面上是唆使爨崇道以凶残的手段在爨氏内部夺权、集权，真正的意图还是制造混乱，借以摧跨爨氏。甚至矛头直指当时政府顾为倚重的南诏，完全不顾当时唐政府对事态的控制能力。

这种情况的出现，与唐的政策没有关系，是少数官员恶意安排的结果，并以此为操控手段，挑起爨氏内争。

据《敕安南首领仁哲书》载，其时归州刺史爨仁哲安南都护府，左威卫将军爨彦征、昆州刺史爨嗣绍、黎州刺史爨曾属姚州都督府，右监门卫大将军、南宁州刺史爨归王、南宁州司马、威州刺史、都大鬼主爨崇道属戎州都督府。敕书提到诸部纷争，知其内部原本就有矛盾。但以爨氏日后共同对敌的态势看，其内部分化，并不严重，不至于各持一端，分势力自立，自作主张，而分别投向不同的都督府。诸部分隶，乃政府官员有意为之。分隶三都督，是分化瓦解爨氏的一种措施。分化瓦解爨氏是一些官员的一贯策略。一计不成，再生一计，都是为了对付爨氏。

以当时的形势看，从政治上考虑，打击爨氏和南诏俱非明智之举。当时因吐蕃势力南进，政府疲于应付，不得已扶持南诏，遏制吐蕃南进势头，以为藩屏。此时再打乱爨区秩序，政府无力收拾局面，只会乱上加乱，得不到任何的好处。当时主政西南的官员，多是宵小之徒，心术不正。出的都是阴招、损招，一错再错，无怪断送政府在西南地区的统治。

爨氏覆亡的过程，有《新唐书·南蛮传》、樊绰《云南志》、《南诏德化碑》三种记载，可以互参互补。合三种资料，可以大致归纳这一事件的过程如下：

由于李宓等人的蛊惑、扇动，爨崇道谋杀爨归王。爨归王一家与爨崇道的势力形成敌对状态，相攻不休。因为爨崇道有李宓等官员撑腰，爨归王一系求告官府无门，爨归王妻阿姹便派人到皮罗阁处，表示愿意归附于南诏，要求皮罗阁出面为她收拾局面。

南诏解决此问题，原本是要说合双方，平息事端。故先上报朝廷，再作区处。爨归王的儿子爨守隅继为南宁州都督，就是经过朝廷批准的。同时又与爨崇道与爨归王双方都结亲，将两个女儿分别嫁给两家的儿子。是一种安抚息事的办法，表示并无偏颇。但这种解决办法并不能弥合双方的矛盾，双方仍然日以兵戈相向。

同时，爨崇道又不知何故，突然谋杀其弟爨日进。《南诏德化碑》说也是李宓唆使，应该是事实，但不知因何李宓能说动爨崇道杀其亲兄弟。此举引起爨氏内部公愤，共同兴兵讨伐爨崇道，并联络南诏参与讨伐。

南诏参与其事，除有爨氏族人邀约外，得到政府同意，是以政府名义参与消灭祸乱。此时政府在此地无兵可用，所以遇事都用南诏兵。

李宓在其间又使奸计，一方面调用南诏兵，又向上密告其不听节制，违制用兵等罪。此事大约是报到剑南节度郭虚己仁处再上呈，郭虚己不予理睬，支持南诏。李宓反被处分。

爨崇道杀督害弟，逆天理而行，在众人的讨伐下溃败，是情理中的事。其兵溃后的下场，《新唐书·南蛮传》、樊绰《云南志》与《南诏德化碑》有出入。前两者说是被杀，但后者说是被张虔陀收容，则当时可能受到官员保护，并没有死。其家族势力则被彻底消灭，爨氏其他势力也同时受到削弱，不成气候。

不久，皮罗阁死，其子阁罗凤继立。又对爨区采取措施，强制迁徙爨氏族人，彻底铲除爨氏势力，成为南诏一家的天下。《新唐书·南蛮传》说皮罗阁死，阁罗凤立在天宝七载（748年），则其事紧随讨伐爨崇道一事。郭虚己是在天宝五载（746年）才代章仇兼琼任剑南节度，郭虚己曾为南诏排解出兵伐爨崇道一事中受到的诬陷，则其事在郭虚己到任之后，距南诏阁罗凤继父职的时间很近。

据《新唐书·南蛮传》、樊绰《云南志》等的记载，阁罗凤对爨氏采取的两大措施，一是迁徙爨氏于他处，二则大力营建拓东城，派重兵驻守，以二诏（即副王）的身份派其子凤伽异亲自驻扎于拓东城，以稳定东方。

昆明东寺塔。南诏并爨地，营建拓东城后始建。多次重修后保存至今，成为那个时代的重要历史标志。

《新唐书·南蛮传》和樊绰《云南志》都说阁罗凤派昆川城使杨牟利出动军队，强行迁徙原爨氏辖区的二十余万户到永昌城。因为一个永昌城，显然容不下多少人，有人认为是永昌郡之误。其实，错误并不在城字，而应该在二十余万户的数量上。二十余万户的人众，少说也有百万，按当时的人口密度，整个爨氏辖区也不可能有那么多人，这个数字显然不可信。

此前爨区仍属唐政府管，阁罗凤不能放手东进。阁罗凤经营爨区，当在天宝十年西洱河一战之后。且所谓昆川城使杨牟利，也在经营昆川（今云南省昆明坝子）之后。《南诏德化碑》载：

> （藏普钟）十二年冬，诏候隙省方，观俗恤隐。次昆川，审形势，言山河以作藩屏，川陆可以养人民。十四年春，命长男凤迦异于昆川置柘东城，居二诏，佐镇抚。于是威慑步头，恩收曲、靖。颁诰所及，翕然俯从。

《南诏德化碑》说天宝十一年（752年）吐蕃派人在邓川册封阁罗凤为赞普钟南国大诏，当年称赞普钟元年。阁罗凤东巡在763年，而派凤伽异营建拓东城，经略东方在765年。《南诏德化碑》既说由此之后，威慑步头，恩收曲、靖，则对爨区采取大规模行动，也在此时。并且，从《南诏德化碑》的记述看，并不像《新唐书·南蛮传》和樊绰《云南志》所说，从曲、靖到整个爨区都遭遇了兵灾，而是采用不同的办法来解决东方的问题，巩固南诏在东方的统治。

文化冲突的酿悲结局

雄踞西南数百年的爨氏，由盛而衰，终于在公元8世纪中叶退出历史舞台。总结其覆亡的经验，颇多值得深思的地方。唐朝政府少数不良官员挑拨离间，恶意破坏，表面上看可以成为其分崩裂析，以致败亡的重要原因，但那只是诱因。爨氏内部出现势力分化，动摇根基，才是致命的原因。

唐开元年间以后，从文献记载可以看出，爨氏内部出现了政、教分离。出现了政府任命的职务与家族内部承袭职务之间的分离与对峙。爨归王为南宁州都督，是唐政府承认的爨氏最高行政首长。然而，从其被爨崇道所杀一事可以看，无论称南宁州大鬼主还是称两爨大鬼主，爨崇道都是爨氏家族内部的实际首脑，其地位和势力也决不在爨归王之下。家族首脑和行政首长，按理应该是统一的，这时出现分离，表明爨氏内部已出现深刻的裂痕。李宓等人能拉拢爨崇道，为害爨氏家族，不仅仅是李宓有阴谋，或是爨崇道不地道，苍蝇不叮无缝的蛋，作为政治势力，家族制度和政治组织机制方面缺陷引发的内部矛盾，才是导致爨氏覆亡的致命祸根。

宗裔流芳

作为政治势力退出历史舞台后，在原来的爨氏统治区域，后来就没有与爨氏相关的文献记载。当年人口众多，分布广泛的爨氏，后裔都去了哪里？不多的爨氏后裔活动记载，解决不了大量人口的去向问题，但能说明一点——他们都过得很好。

河赕爨氏

樊绰《云南志》卷四和《新唐书·南蛮传》都说阁罗凤继任为南诏后，爨守隅和妻子就被叫去南诏都城所在河赕地区居住去了。自此，《云南志》说他们“与皇化隔绝”，《新唐书·南蛮传》说他们“不通中国’，都说明已失去以独立政治势力与唐政府打交道的资格，成了南诏属下的一般民众。

河赕指今洱海周围地区，从后来的后裔活动看，迁到洱海周围的爨氏族人，发展势头良好，应该是受到南诏的优厚待遇。爨守隅的妻子，是皮罗阁的女儿，阁罗凤的姐姐或妹妹，或许与后裔的良好发展条件的形成有关。

白居易《白氏长庆集》卷四十有一份《与南诏清平官书》，是白居易为唐朝皇帝起草的敕书。敕书的发给南诏清平官的，提到的南诏清官有人七人，其中之一为爨何栋，是异牟寻时代的清平官。这份敕书是吊慰异牟寻丧逝的，时间应在808年（唐宪宗元和三年）或稍后。按照樊绰《云南志》的记载，皮罗阁是在调停爨崇道与爨守隅母子矛盾时将女儿嫁给爨守隅的，时间在天宝五年（746年）后，距808年异牟寻去逝时不超过46年，爨何栋能在异牟寻时代就任清平官，未必是爨守隅儿子，也可能其他爨氏家族的人。

明代的文献提到灌县人杜光庭晚年避居南诏，以文章教授南诏国民，还说太和城蒙国碑就是他写的。他死后，是南诏国一个叫爨泰的学士将他葬在苍山玉局峰麓，还按佛寺的样式为他建了一座祠堂让人供奉，民间就称唐御史祠。[83]这大概是来自民间传说。有祠而有传说，祠应该是有的，祭祀对象是否就是杜光庭，现在已无从查考。作为当地人，爨泰也应该实有其人。杜光庭的生活年代，已在晚唐到五代时期，爨泰也应是南诏后期的人。

明永乐九年，一个叫寸升的人死后，他的儿子为其立了一块碑，就是《寸氏墓碑志》，碑就立在鹤庆县海北坪西北山麓。碑文说他家是爨深后裔，寸本是爨，年代久远，才用寸字作姓。还说寸升是大理布燮（宰相）寸宗的六世孙。谱系是寸宗生寸奉，寸奉生寸育，寸育生寸智。寸智在元是本郡都目。寸智生寸海，寸海继承了父业。寸海有四子，即寸庆、寸义、寸保、寸升，寸升是老三。后面是其人生平及立碑经过。[84]

能当布燮（宰相），说明爨氏后裔在大理时期也是发展得很好。

成都爨氏

1999年12月，成都市文物考古研究所在成都市南郊桂溪乡桐梓林村七组“中国酒城”现场发现唐代砖室墓一座，墓中有墓志一合。志盖正中阴刻篆书“大唐故河东爨府君墓志之铭”，志文首题“大唐故节度副使开府仪同三

爨守忠碑（自《南中大姓与爨氏家族研究》）。

司兼太常卿南宁一十四州都督袭南宁郡王河东爨公墓志铭并序”。正文28行，行30字，共计817字。[85]

由于墓地发现及碑的出土，使用我们知道，在南诏并有爨区后，有爨氏后裔迁到了四川，并且还在使用唐朝政府原先给予爨氏的官衔、名号。碑文明确说爨守忠是爨归王的儿子，死之前的正式职务是节度副使。不是老死在家里，而是死在上班的嘉州（今四川乐山市），年纪也只有48岁。他死于贞元二年（公元785年）二月，在当年三月二十七日，运回成都安葬，葬的地方叫成都府广都县政道乡相如里的源礼。

南宁州都督等职，据樊绰《云南志》及《新唐书·南蛮传》的记载，应是爨守隅继承，如何又转到了爨守忠头上呢？爨守隅到南诏都城所在的河赕去了以后，原有的名号、职衔都已毫无意义。樊绰《云南志》及《新唐书·南蛮传》等书说爨守隅的母亲是回到了自己父母的部落，还入唐朝贡，应有自己相对独立的势力。贞元二年（785年）死时是有48岁，则爨守忠当是737年，即唐玄宗开元二十五年出生，到阁罗凤公元748年继任南诏的时候，不过是十岁上下的小孩。南诏占有爨区之后，应是跟母亲回了外婆家。由于唐与南诏在阁罗凤继位后不久就闹翻，作为对付南诏的一种策略，唐政府把爨氏在爨归王时代原有的名号、职衔都给了爨守忠。阿吒既然可以去朝见唐朝皇帝，联络上爨守忠也会是什么难事。爨守忠到成都居住，应该也是唐朝官员对付南诏策略的一部分。把他请到成都，才能为唐所用。给他头衔，再把他安排在靠近南诏边境的地方工作，对付南诏的意图已很明显。

碑文说他夫人姓李，嗣子叫冲藐，则有后人在成都。如果成都附近后来还有爨姓人家的话，很可能是他家的后人。

滇南爨氏

在段思平建立大理国的过程中，爨判是个重要人物。

杨干贞夺赵善政之位，建大义宁国之后，由于其弟杨诏跟他说段思平有帝王之相，随时都在计划干掉段思平。时任通海节度的段思平走上了逃亡之路。段思平做的第一件事，就是到通海城边的秀山神祠占了一卦，然后就跑到他舅舅爨判那里躲了一阵。一般的文献都不说他舅舅在那里，只有《滇考》说段思平是跑到巴甸，找他舅舅爨判躲难，说明爨判在巴甸。巴甸指今云南省建水县一带，段思平在通海都督任上被杨干贞追杀，投其舅避祸，则爨判原本就在建水一带。且爨判当有势力，才能救护段思平。

段思平最后被逼起兵与杨干贞对抗，并在937年打败杨干贞，建立了大理国。段思平顺利起兵，主要靠从东方黑爨三十七部借到了兵。虽然他在属于三十七部区域的通海任过节度，但能借到兵，恐怕与爨判有密切关系，应是靠爨判在三十七部地区的影响力，让大家都能迅速做出支持段思平的决定。段思平建大理国后，三十七部受到特别的优待，爨判被封为巴甸侯，都是被特别强调的事件。提到封侯的人只有两个，另一个是岳侯高方。仅仅因为收留过他避难，显然不能成为爨判封侯的理由，肯定起过重大作用。这个作用就是动员三十七部支持段思平。爨判是舅父，记载明确，他的籍贯却不见提及。从能收留段思平避难及其在东方三十七部地区的影响力来看，爨判应是巴甸当地的人，为爨氏后裔留居故地者。以原来的爨氏内部势力划分而论，很可能是爨仁哲一系的后人，因为当地已属爨氏安南首领的辖区。作为通海节度，段思平是这一带的政府最高行政长官，爨判如系外来人在此做官，只能是更小的官，岂能有力量帮助段思平？

爨判封侯以后，一直就生活在这一带，还留下活动遗迹。

通海有神僧畔富传说。按照《通海县志》所录的传说，畔富俗姓李，新兴州（今玉溪市红塔区）人。出生于巨富之家，因喜佛法到天常寺为僧。后来到通海秀山普光寺任住持。其间遇通海淫雨，杞麓湖涨水淹没有田畴，人民生计惟艰。畔富在杞麓湖东岸石笋丛生的地方，以禅杖戳通石穴，水才得以退去。为防湖水泄干，他又撒黑豆成石，让湖水从石缝之中适量下泄，以保证湖水不上涨淹没通海坝子，又有水灌溉良田，让人民得以安居乐业。为不忘他的功德，后人就在秀山为他建祠塑像，以供景仰。[86]

畔富事迹见正德《云南志》卷三十五，列为唐代的和尚，但没有说秀山上立祠等事，只说他的形象出现在了石壁上，和画上去的一样。而天启《滇志》卷十七说他完成泄水后，在秀山隐居，晚年尸解去，后人建塔祭祀。没有说是什么年代的人。正德《云南志》说他在临安天长寺修行30年，天启《滇志》说他在天常寺受戒，但两志的寺观部分并没有关于天常（长）寺的记载。倒是杭州市有天长寺，临安是否指南宋时的首都临安，不得而知。正德《云南志》说其凿穴泄水在丙寅年。如果说元代的丙寅年，可以确定是泰定三年，即1326年，若在元以前，六十年一轮回，这个干支纪年就没有了意义。在大理的一块碑文中，李畔富成了喜洲李姓的先祖，说是南诏时期佛教七祖之一。[87]记述矛盾、混乱，原因大概是根据需要改造了传说。

《通海县志》中的这个版本，已是一个改造过的文本，已失去了传说故事原始主题。这个故事的更早的版本，其实是说通海这一名称的由来，而不是讲和尚救民于水火的善举。也只说通海湖原本水涝不通，是大片泽国，有和尚在县城东北石笋丛立的地方，以锡杖乱戳，水

建于通海秀山上的神僧畔公影堂

就泄了，由此得名通海。[88]也没有提到和尚的名字。

《大明一统志》说秀山的半山上有判府泉，味道甘甜清冽，喝了可以美白健康。[89]说明秀山上的畔富泉，原本叫判府泉。所谓畔富，不过判府的讹传。《读史方舆纪要》就直接说秀山上的判府泉，就是因爨判而得名。[90]供奉神僧畔富的地方，就在秀山山腰偏东的普光寺，就在判府泉所在区域，恐怕不是偶合。

南诏有拓东、开南、宁北等节度或都督，皆有取意。拓东的意思是要开拓东方，开南是要开拓南方，宁北则是要保证北边安定，通海的意思则是说要由此南下交州，通向大海，与海是否通洞毫无关系。这个传说的生成，可能是几个不同事故拼凑的结果。

最早的说法是说杞麓湖有洞可以泄水，之后就有人说洞是人戳出来的。后来因为阿阇黎僧超凡入圣的故事流传多，就被传成是和尚戳的洞。有僧要有寺，秀山的寺就成了戳海和尚的居所。而秀山寺中正好供奉着爨判，也被改造成了僧人，还以同音字换成了畔富。

造成这种误解的原因，与治所搬迁不无关系。大理国时期的通海节度驻通海，元代的临安路原先也在通海，但明、清以后的临安府搬到建水，原先与临安路或临安府有关的一些历史，在通海淡忘，从而造成讹传，并非不可能。

爨判在建水活动遗迹，主要是判丈山。景泰《云南图经志书》卷三作判山，说在府南二十里判山乡，也没有提到与爨判有什么关系。《大明一统志》、《滇略》、《读史方舆纪要》等后来编写的书，都说是得名于段思平舅爨判。《大明一统志》说因爨判曾在山上居住，因名判丈山。[91]《滇略》卷二则说山还有爨判祠，又说嘉靖年间学使赵维垣改称焕文山。[92]按照《读史方舆纪要》的说法，则山名改过两次。先因正对北面建水城内的学宫，改称判文山，明嘉靖时，又改成了焕文山。山得名的原因，《读史方舆纪要》的表述，也似乎更准确。其他书都说爨判住在山上，似乎是

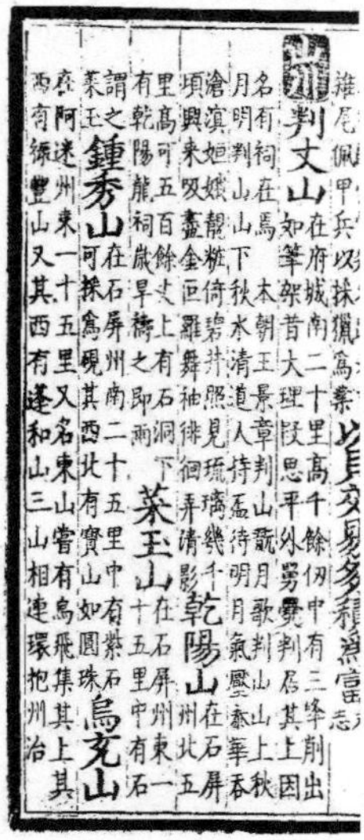
山川
判丈山 在府城南二十里高千餘仞中有三峰削出
如筆架昔大理段思平外舅爨判居其上因
名有祠在焉本朝王景章判山歌月歌判山山上秋
月明判山山下秋水清道人侍孟待明月氣壓泰華春
滄溟姮娥靚粧倚碧井照見琉璃幾千 乾陽山 在石屏
頃輿來双盡金巨羅舞袖徘徊弄清影 州北五
里高可五百餘丈上有石洞下 萊玉山 在石屏州東一
有乾陽龍祠歲旱禱之即雨 十五里中有石
謂之 鍾秀山 在石屏州南二十五里中有紫石 烏充山
萊玉 可採爲硯其西北有寶山如圓珠
在阿迷州東一十五里又名東山嘗有烏飛集其上其
西有祿豐山又其西有遂和山三山相連環抱州治

《大明一统志》临安府山川条关于判丈山得名于爨判的记述。

把家安在山了。《读史方舆纪要》则说经常住在山上，[93]则说明他喜欢到山上住。作为大理国初年的巴甸侯，有政事要处理，安家在山上显然不可能。山得名的主要原因，恐怕还是因为山上有后人为纪念他而建的祠庙。判丈一名，明显是说他是段思平舅舅，为大理国丈，是后人取的。

建水坝子南面的大片山系，现在都称焕文山。海拔最高的是位于陈官镇罗卜甸南面的五老峰。[94]在建水城南20公里，位于焕文山西麓、狗街坝子南缘的黑龙潭是建水境内出水最大的龙潭。有山有水，应是吸引巴甸侯爨判常去玩的原因。

遗憾的是，由于文献记载缺如，当年权倾一时的爨判家族的去向，成了历史之谜。

腾冲寸氏

与腾冲相关的当代文献，不见提到腾冲有白族。寸、李、尹等和顺各大家族，也多自称祖先是外省籍。然而，从现在还能找到的一些文化遗迹，我们发现很多人其实是来自大理一带，寸氏也不例外。虽然不能排除有外省籍移民而来的成分，但有一部分腾冲寸氏来自大理一带，则是毫无疑问的。追寻爨氏后裔的去向，因之也不能不说腾冲寸氏。

历史记载有白蛮

《元史·地理志》说南诏异牟寻时代就已在腾冲设软化府，之后有白蛮迁居，改称腾冲府。《圣朝混一方舆胜览》说南诏时设立软化府，大理国改称腾冲府。说明白族迁居和改府名都发生在大理国时期。白蛮就是现在白族的先民。

《元史·地理志》还说永昌、腾冲二府军民屯田共二万二千一百五双，其军屯可能与爨僰军有关。南诏、大理国时期的外来移民和元代的外来移民，构成了腾冲守御千户属下的最早土人。

彝语地名源于爨僰军移住

腾冲遗留白语和彝语地名，或许能说明这些元代就已入驻的军队，很可能就是当时所说的爨僰军，有白族也有彝族。《腾冲县地名志》说绮罗雅化自矣罗，还说绮罗的意思是山水秀丽似绸缎。[95]《云南腾越州志》卷二说：

矣罗，一名绮罗。

则本音作矣罗，用绮罗是同音异字。《腾冲县地名志》的解释显然不通。实际应是一个彝语地名，也就见于其他文献的异龙、易笼，是水城的意思。矣意为水，罗为城。《腾冲县地名志》有雨伞地名，说是来自“矣散”。[96]又说玉璧从矣比演化而来。[97]这两个《腾冲县地名志》列入含义待考的地名，矣的意思也与水有关。而甸苴，《腾冲县地名志》说苴读同左，是因塘中长苴草得名。[98]也不通，解释不了甸的含义。苴读左，是云南地名中常见的特殊读音，说明腾冲还保留传统读音，只是不明含义。其实是彝语，小坝子、小平地的意思。甸是坝子，苴则是小的意思。

正统以前无汉军

说白语地名之前，先看看汉族大量进入腾冲，发生在什么时候。《云南腾越州志》卷五明确说汉军就是腾冲卫左、右、中、前、后五所的人，是正统（1436年——1449年）时调拨来的。此前在这里驻扎的是土军，就是属腾冲所管，元代就在此守御的土著之人。还说所谓土著之民，就是腾冲所属的土军。[99]腾冲所是腾冲卫设立后，由原来的腾冲守御千户所改设的。腾冲守御千户所，设立于永乐元年（1403年）九月。《云南腾越州志》卷七也说[100]腾冲所多是土人，只偶尔有江南、陕、湖、川等省人。[101]说明正统设腾冲卫以前，腾冲极少有外省籍的驻军。

土人多非汉族

《土官底簿》记载的一个例子，对我们了解所谓腾冲土人的情况有些帮助。罗卜思庄驿丞赵义，《土官底簿》说是腾冲土人。曾当过麓川宣慰思伦发管下的南甸招巴，洪武三十三年开设腾冲守御千户所，先让其暂管南甸驿事，永乐五年被任命为罗卜思庄驿丞。他死后，儿子赵恺赴京要求袭职，却因不晓汉语告吹。南甸州土官知州刀贡罕只好另保举“谙晓汉夷事体”的腾冲千戸所土人总甲尹成来任驿丞。不会讲汉语，赵家显然不是汉族。

通事来自原住民

（清）屠述濂修《云南腾越州志》卷二村寨条说：

> 和顺周围不满十里，离城七八里，民居稠密，通事熟夷话者皆出其间也。[102]

《土官底簿》记载了两个通事的例子。其一是干崖长官司古剌驿驿丞李从人。《土官底簿》说他是腾冲土人，曾当过腾冲征缅招讨司通事。永乐五年跟随干崖长官司长官刁思浓赴京，由其保任古剌驿驿丞。后传李蛮奴、李震、李斌、李荣等，李荣是天顺二年承袭的。

另一个是陇川宣抚司戞赖驿署驿事土官巡检姜海。

他本是腾冲守御千戸所土军小旗，因通晓夷语，被派去跟太监郭福保等去麓川办事的人做翻译，后又在王骥征麓川时立功，升土官巡检。

这种过分突出的语言优势，说明和顺的居民都是久此地的云南本地人，这与尹忠祖上就是本地人的说法一致。通事就是现在说的翻译。在此居住已久，又是云南本地人，行商往来各地多，才会熟知各地、各民族的语言，成为翻译。

尹忠墓志自称是土人

《故致仕武略将军尹公墓志铭》说：

> 公讳忠，字本良，厥祖讳庆，其先本土人。

尹忠的名字见于土主庙成化钟具名，为发起者，碑文说是土人，则尹家不是外省籍。土主庙为云南特有，也支持本地人的说法。

地名说明是白族

从和顺一通立于明嘉靖年间的《腾越州阳温登乡创兴水利述碑》，可知和顺古称阳温登。后来虽然改称和顺，后人作书，还称《阳温暾小引》，可知“阳温暾”

（阳温登）的地名一直在民间使用。

腾冲和顺的标志性景观元龙阁。

大概是和顺人的祖谱中提到祖先来自巴县的人很多，《中国魅力名镇和顺·人文卷》所录的和顺先贤遗文《阳温暾小引》后，还附了王国祥《阳温登考释》一文。[103]王老师是四川人，但是用四川方言解释这一地名，显然很勉强，难解释得通。问题不在于使用的方言出了问题，而在于来自巴县（今重庆城区）的说法是否靠得住。

大理人寸丽香、寸丽元在《民家映象》一书中，写了《和顺与〈阳温登小引〉的故事》一篇，解释了这一地名。[104]认为"阳温登"是"我们中间的那个村"，说鹤庆县、剑川县等地都能找到被称为"温登（湾登）"及"阳温登"等地名。例证有剑川县马登乡文屏行政村的温登村，当地白语的地名读音就是"阳温登"；鹤庆县辛屯镇双龙行政村的温登村，白语的地名读音及语义也是一样，意为"我们的温登或我们中间的那个村子"。《云南省剑川县地名志》的解释，"温"是中间，"登"是村子或地方。[105]大理白族地区称登的地名很多，含义清楚。

腾冲有白语地名，阳温登不是孤立的例子。腾冲有满金邑、新生邑等地名，《腾冲县地名志》说满金邑是因为其地曾驻满军队得名，新生邑是因为清咸丰年间毁于兵灾后重建得名。[106]

（清）屠述濂修《云南腾越州志》卷二村寨条东练下已有新生邑，不可信。《云南省剑川县地名志》马登区有地名叫先生邑，说原名叫新生邑。[107]《云南省大理市地名志》喜洲区有地名叫星生邑。[108]驻满军队的说法，显然也不通。称邑的地名[109]大理白族地区很多，满金邑、新生邑都当是白语。

姓名反映是白族

尹文和根据尹彦卿1946年拓本录抄录的《和顺乡土主庙明成化铜钟具名录》，除致仕千户尹忠、同知刘宣、镇抚刘谦、杨善、百户刘浩外，还列有很多乡老的名字，其中有李姓46人，寸姓28人，刘姓17人，尹姓16人，张姓4人，杨姓3人，贾姓2人，文姓2人，赵姓2人，冯姓2人，番姓2人，严、钏、丘、阮姓各1人，还有一名女性姓氏不明。[110]

姓名中的丘铎兵宣、尹普贤奴、李药师保、李添生奴、李才吉奴、寸黑王刚、寸文政小、寸自在、寸兵师奴、寸富音奴这些名字，是典型的大理白族命名方式。

这种命名方式的最大特点，就是在基本姓名之间，加入代表特殊意义附加成分。张旭在《南诏西洱河蛮及其子孙》一文中列举的姓名中，这样的人名有近30例。[111]有些插入成分多次见到，说明使用普遍。全面了解这些插入成分的含义，需要做专门研究，一些插入成分的含义却是显而易见的。

有来自地名的，如杨大和坚、杨太和眉，大和、太和都指南诏早期的都城太和城。

有来自崇拜物的，如杨浔波罗、李波罗诺、波罗傍，波罗可能是指老虎，《云南志》及《玉溪编事》录南诏诗注，都有波罗为虎的解释。也有人认为波罗是波罗蜜的省称。《大理弘圭赵公墓志铭》说赵永，法号波罗，《昌彦赵公墓碑志》说有祖先名永，字波罗，《五密僧杨祯碑志》说杨祯续娶夫人，是过去的名人赵波罗和尚族人。[112]说的是同一个人，说明波罗是佛号，由南诏德化碑中的波罗、细利等佛号，可以确定此时佛教已盛行，开始在名字中间放入佛号。

来自特殊职业的，如李些丰浔，还有单独作名字的赵铎些。“铎些”一词，当即李京《雲南志略》中提到罗罗男巫大奚婆的“大奚”，天启《滇志》作大觋皤，“婆”是男人的意思。[113]景颇族有称董萨，纳西族称东巴，应有共同词源，曾经广泛使用。李些丰浔见《南诏德化碑》。从浪穹诏主丰时也写作傍时的例子，可知唐时丰与傍读音相近。[114]“些丰”也就是西波，与白语称巫师的音相近。彝族中的宗教人士，如昆明撒梅人有所谓的西波教，鹤庆彝族黑话人也有巫师称西波。[115]

顺便说说和顺李氏宗祖的问题。谱系一世祖李黑师波的“师波”其实就是李些丰浔的“些丰”；二世祖李哼啰，其实就是李波罗；三世祖有李奴，也是常见的大理白族名字。

佛教在洱海周围地区兴盛以后，附加成分通常使用佛、菩萨的名号，也有的是直接用作名字。加佛、菩萨的名号则很多，如段易长生、高越城光、高观音奴、李观音得、段诸天禾、段三宝惠、段金华龙、董普法照、董大丛林、董法华明、董观音、董吉祥、董圆通、董越城福等，常见使用的佛号有观音、逾城、药师、般若、金刚、大日、天王、文殊、妙音、易长、随求、法华、华严、三宝、难陀、圆通、诸天、天神、普贤、梵僧、大师、和尚、左梨、焰慧、普法、大藏、延寿、弥陀、迦罗、释迦等几十种。[116]这种命名方式为大理白族地区特有。

（正德）《云南志》卷二十二列女传录有为夫殉情的太和县人钏真姐，有腾冲杨氏嫁谷添生奴。

在《大理历代名碑》所录碑铭提到的人名中，有杨奴、董奴、张奴、何奴、王善奴、杨三十奴、赵士公奴等，还有妇女名叫观音奴。[117]

《李公奴墓志》说字思敬，名奴。《故颍川郡处士陈公墓志碑铭并序》说讳奴，字国用。[118]以名、字词义对应而论，奴应有与思敬、国用相近的含义，作女名则当另有含义。《太源郡卜筮王公墓志》说字金刚，讳奴。[119]则可能是叫金刚奴。《故昭信校尉百户赵公墓志铭》提到观音奴是本府元时达鲁花赤的孙女。[120]《杨公寿藏志铭》说蒙古后裔落籍弘圭，到明初改姓杨，有子孙叫杨奴。说明外人落籍大理，也使用当地取名法。

在《大理历代名碑》所录碑铭提到的人名中，有张姐、音姐、金姐、润沙姐、玉姐、春姐、解元姐等。[121]

说明以……姐、……奴的命名方式，也来自大理一带的习俗。《和顺乡土主庙明成化铜钟具名录》中，含奴的名字有6个，以姐称的有□氏福姐和李氏银姐。

据此可以肯定，铜钟题名中的李、寸、尹、丘诸姓，是大理地区迁来的白族人后裔。

总之，虽然由于资料有限，尚无法确定所有的寸氏都来自大理，但至少可以肯定，有部分寸氏是从大理迁来的。再联系大理寸氏的历史，可以确定就是南中大姓爨氏的后裔。至于说是元代才来，或者有更早来的，已很难查证。但有一点可以明确，他们不可能南诏时期迁到永昌的爨氏的后裔，因为他们的取名方式说明他们是在大理很久才迁来的。

爨龙颜碑碑亭

本门名人

无数的爨氏英杰，既成就了家族的荣耀，也在云南历史发展舞台上留下了足迹。五光十色的爨氏人物活动，是爨氏历史的最生动的篇章。爨氏的重要人物，只作简要介绍，是篇幅原因。每一个背后都有故事，有兴趣，还可以深入探求。

爨肃

《爨龙颜碑》追溯的爨氏始祖，说是魏尚書僕射、河南尹。《元和姓纂》说谢承《后汉书》记载，后汉有河南尹爨肃，其籍贯是晋昌。晋昌属祈州新兴郡，在今山西省定襄县。《爨龙颜碑》称“蝉蜕河东，逍遥宀原。”晋昌属河东郡，但杜佑《通典》卷一八七载西爨自称是河东安邑人。安邑属河东郡，在今山西省安邑。晋昌在汾河上游，安邑在汾河下游，不在一起。爨肃与南中的关系，很可能是因为他是名人而假托。

爨逻

《爨守忠碑》说是其十二世祖。《爨守忠碑》说钟会、邓艾死之时，其人南迁，是把时间定在264年前后。并说自其开始迁到南中后，家族本固枝繁，世廿为南中豪族。因不见其他记述，难详其真假。

爨习

文献最早记载的南中大姓爨氏人物，三国时建宁郡人。为当地大姓，曾任建伶令。诸葛亮南征之后，将其带回成都为官，后官至领军将军。也有文献记载说爨习是行军参谋偏将。

爨谷

晋时南中大姓爨氏人物，建宁郡人。为南中大姓武装南征交趾时的前线主将。咸熙元年（264年），东吴交趾郡吏吕兴杀太守投附魏国，魏封吕兴安南将军。南中监军霍弋上报魏中央政府同意，以爨谷为交趾太守，率领牙门将军建宁董元、毛炅、孟干、孟通、爨熊、李松、王素等，各带部曲武装南下，支持吕兴，以期实际实现魏在交趾的统治。爨谷等人于泰始元年到达交趾。未到之前，吕兴已被杀，但爨谷的收复、巩固、管理的工作卓有成效，可惜不久就病故了。

爨熊

晋时南中大姓爨氏人物，建宁郡人。为南中大姓武装南征交趾时的牙门将。南征失败后被俘，与孟干、李松被送回吴国内地。他们知道吴人爱蜀侧竹弓弩，就说会做，就被交给作部专门负责做弓弩。后孟干逃跑，回到洛阳，李松、爨熊则被杀。

爨量

晋时南中大姓爨氏人物，建宁郡人。他与益州太守李逷、梁水太守董慬，起兵保兴古盘南等地，与李雄联络，反抗宁州刺史王逊暴政。王逊出兵，打不过他们，奈何不了他们。后被新任宁州刺史尹奉重金募人刺杀。

爨琛

也作爨深，晋时南中大姓爨氏人物，建宁郡人。为奠定爨氏在南中霸业的关键人物。在爨量反抗王逊暴政时，他是王逊手下的将领。李雄将李骧渡金沙江进攻宁州，王逊派将军姚岳、爨琛去抵御，在堂狼（今会泽一带）大败李骧军。咸和八年（333年），与宁州刺史尹奉、朱提太守董炳、建宁太守霍彪都降于李成。咸和九年（334年），李成分宁州置交州，以霍彪为宁州刺史，建宁爨琛为交州刺史。后来霍氏失势，在爨琛时期形成爨氏独大的局面。李京《云南志略》说，云南有爨氏之称，始于爨琛，大概是以此为说。

爨頠

晋时南中大姓爨氏人物。《晋书·穆帝纪》说永和元年（345年），李势将爨頠来投靠。此事发生在霍彪被绑送东晋后六年。大概是因为爨氏与李成的矛盾，转投其对手东晋。《元和姓纂》有宁州刺史爨頠，大概在永和三年（347年）晋灭蜀后，爨頠又得回南中，为宁州刺史。

爨龙骧

东晋时南中大姓爨氏人物。1965年1月陆良县古墓中出土爨龙骧之墓石碑，说是泰和五年辛未正月八日戊寅立。孙太初《云南古代石刻丛考》考订立碑之泰和五年，应是六年之误，即东晋废帝太和六年，371年。

爨宝子

东晋时南中大姓爨氏人物，建宁同乐人。生平事迹见立于公元405年的《爨宝子碑》，惟其23岁即英年早逝，事迹不多，只说曾任建宁太守。

爨龙颜

东晋、南朝时南中大姓爨氏人物，名龙颜，字士德，建宁同乐人。生平事迹见《爨龙颜碑》。碑文说是南朝宋元嘉二十三年（446年）故逝，亨年六十一。碑称宋故龙骧将军护镇蛮校尉宁州刺史邛都县侯，但南朝刘宋并未管过南中，应是自己承袭的家族旧领职衔，为爨氏最高首脑人物。

爨道庆

东晋、南朝时南中大姓爨氏人物，建宁人。《爨龙颜碑》撰写者。从碑文可以看，爨道庆有很好的文化修养。

爨松子

东晋、南朝时南中大姓爨氏人物。《宋书·文帝纪》说元嘉十八年十二月宁州刺史徐循曾镇压过晋宁太守爨松子反叛。徐循之所谓宁州刺史，只是遥领，未必到任。所以，爨松子事件，很可能只是爨氏内之争。当时，爨氏内部，爨龙颜为宁州刺史时期，爨松子应是被其镇压，只是通报给遥领的宋宁州刺史徐循，徐循又上报而已。

爨云

南北朝时期爨氏人物，建宁郡人。（正德）《云南志》卷二十一说在陆凉州南三十里有爨云碑，碑文记载他曾任魏的骠骑大将军、开府仪同三司、南宁州刺史，封同乐郡侯。魏并未控制南中，爨云的官爵，应是天监年间傅竖眼等人据蜀之后，以怀柔而遥授之封号。

爨瓒

南北朝时期爨氏人物。南朝萧梁一度曾派徐文盛入南中任南宁州刺史，太清二年（548年）徐文盛离开后。爨瓒成为南中地区最有权势的人物，独霸一方。西魏、北周据有巴蜀之地后，不及南下，就遥授爨瓒为南宁州刺史。

爨震

南北朝时期爨氏人物。爨瓒之子，继爨瓒为爨氏最高首脑。北周大象二年（508年）梁睿取益州后，以爨氏虽与北周有联系，除每年有数十匹马奉献外，不缴其他任何贡赋，不受统治，不尽人臣应尽的义务，曾上上疏大丞相杨坚，要求前去攻打，但杨坚没有答应。

爨翫

南北朝至隋时期爨氏人物，爨瓒之子，爨震之弟。继爨震为爨氏最高首脑。隋开皇初，派使者朝贡称臣，隋就派韦世冲带兵戎守，还设置了恭州、协州、昆州。后来却不知何故又不听隋朝号令，开皇十七年（597年）隋文帝杨坚就派史万岁南下镇压。次年，被隋朝大军胁迫入朝，被杨坚所杀，同去诸子被没为奴。

爨弘达

隋、唐时之际的爨氏人物，也作爨宏达，爨翫之子。唐武德初，即618年或稍后，唐授其为昆州刺史，令其运父尸归葬本乡。爨弘达回乡的同时，唐益州刺史段纶又派人南下活动，建立了唐在爨氏区域的统治。爨弘达回乡的事迹和作为，则因缺乏记载，不得而知。

爨乾福

唐时的爨氏人物，为昆州刺史。垂拱四年他与王善宝请求唐政府派人置州设治，还说课税在姚府管内自出，更不劳扰蜀中。

爨荣宗

唐时的爨氏人物。见《爨守忠碑》，为爨守忠曾祖，皇朝左监门卫大将军、南宁郡王。爨守忠为爨归王之子，则爨荣宗为爨归王祖父。因不见其他记载，难详其事迹。[122]

爨仁弘

唐时的爨氏人物。见《爨守忠碑》，为爨守忠祖父，皇特进袭封南宁郡王。爨守忠为爨归王之子，则爨仁弘为爨归王之父，但不见其他记载。

爨仁哲

唐时的爨氏人物。见《敕安南首领爨仁哲书》，为安南首领归州刺史。按樊绰《云南志》、《新唐书·两爨传》的记载，其属地在连接安南都护地区，归安南都护府辖。

爨摩湴

唐时的爨氏人物。见樊绰《云南志》及《新唐书·两爨传》等，只说是爨归王兄，爨崇道、爨日进、爨日用之父，未见事迹与职衔。但从爨崇道的职衔推测，应为爨氏最大鬼主。

爨归王

唐时的爨氏人物。事迹见樊绰《云南志》、《新唐书·两爨传》等。唐开元、天宝年间为南宁州都督，是爨氏最高首领，驻地在今曲靖市麒麟区。袭杀孟氏父子，夺占孟氏升麻川之地。参与攻击唐在安宁筑城使者竹灵倩的安宁事件。后为侄子爨崇道所杀。

阿咤

唐时的爨氏人物。乌蛮女，爨归王妻。爨崇道受唐朝官员李宓等人蛊惑，杀害其弟日进，又暗杀其叔爨归王。阿咤无奈，只好回娘家借兵，与爨崇道对抗。又派人向皮罗阁求助。靠皮罗阁的努力，阿姹的儿子爨守隅继承其父为南宁州都督职位。后又求南诏出兵，消灭了爨崇道势力。《爨守忠碑》说太夫人“痛缠家祸，誓复夫仇，锐旨潜购，英机密运，凶渠授首，天诱其衷。”就是指对付爨崇道一事。

南诏尽占爨区后，回父母的部落，成了乌蛮部落王，还唐朝京师朝贡，受到皇帝隆重接待。

爨崇道

唐时的爨氏人物。文献称南宁州大鬼主，或两爨氏大鬼主，或都大鬼主，是爨氏家族最高宗教领袖。政治职务是南宁州司马，为南宁州都督的属官，还兼威州刺史。安宁事件平息后，杀害弟、叔，造成爨氏内乱。南诏

保山坝子。今日的保山曾是南诏时期西部重镇永昌城所在地。据《云南志》记载，爨日用等人的子孙就被南诏安置到了这里，但后来无从找寻其下落。

借机东进，爨氏数百年基业，尽毁于其手。爨崇道本人最后也被南诏所杀。

爨日进

唐时的爨氏人物。见《南诏德化碑》及樊綽《云南志》等。为爨崇道弟。昆州刺史，驻安宁城，为安宁筑城受害者。参与安宁事件。后被其兄爨崇道杀害。

爨日用

唐时的爨氏人物。见《南诏德化碑》及樊綽《云南志》等。爨崇道弟，与爨日进同驻安宁城，职务不详。南诏占爨地后，强迫爨氏西迁。樊綽《云南志》著书时，提到其子孙当时就在永昌城，应是出使南诏的人的记录，应已在西迁事件发生后多年。

爨彦征

唐时的爨氏人物。见《敕安南首领爨仁哲书》。为姚州首领左威卫将军。驻地及属地不详，但以称姚州首领，应靠西，当在昆州以西某地。

爨彦璋

唐时的爨氏人物。见樊綽《云南志》。安宁事件后，爨彦璋等千余人亲赴皮罗阁军门，请其上奏昭雪安宁事件冤情。

爨彦昌

唐时的爨氏人物。见《南诏德化碑》。为螺山大鬼主。樊綽《云南志》说螺山因为遍地都是螺蛤而得名，又说螺山在金马山北二十余里。则所谓为螺山大鬼主，当由螺山得名，应即驻今昆明坝子。为这一带的爨氏内部的小家族宗教领袖。

爨嗣绍

唐时的爨氏人物。见《敕安南首领爨仁哲书》，为昆州刺史。昆州在今昆明及周围地区。

爨曾

唐时的爨氏人物。见《敕安南首领爨仁哲书》，为黎州刺史。黎州在今江川、华宁一带。

爨祺

唐时的爨氏人物。见《南诏德化碑》。为黎州刺史，可能接替爨曾的职位。曾参与安宁事件。爨崇道曾南逃黎州，当与爨崇道关系密切。

爨守懿

唐时的爨氏人物。《南诏德化碑》称求州爨守懿，可能是求州刺史。曾参与安宁事件。求州在今武定、禄劝一带。

爨守隅

唐时的爨氏人物。也有文献作爨守偶，爨归王之子。事迹见樊綽《云南志》、《新唐书·两爨传》等。爨归王死后，曾继任为南宁州都督。娶皮罗阁之女为妻。阁罗凤时，同妻迁居南诏首都所在的河赕地区，即今大理一带。后来在大理及周围地区的爨氏，可能是其后裔。

爨守忠

唐时的爨氏人物。名子华，字守忠，爨归王子。1999年12月，其墓发现于成都市南郊桂溪乡桐梓林村七组，墓中有《大唐故节度副使开府仪同三司兼太常卿南宁一十四州都督袭南宁郡王河东爨公墓志铭并序》，现在也以其姓名简称《爨守忠碑》，记其生平事迹。称大唐故节度副使开府仪同三司兼太常卿南宁一十四州都督袭南宁郡王，节度副使开府仪同三司为唐朝政府授的实职，太常卿、南宁一十四州都督、袭南宁郡王则应是承袭家族旧有职名。碑文说贞元二年（786年）二月死于嘉州公廨，时年48岁，则其父爨归王死时，还是很小的小孩。如何迁居到成都，不得而知，但大概是南诏并爨地后又与唐闹翻，唐朝政府就把爨氏旧有名号，仍加授给他，以为对付南诏之计。

爨何栋

南诏时期的爨氏后裔。曾任南诏清平官。唐·白居易《长庆集》卷四十所录《与南诏清平官书》题名的南诏清平官有爨何栋等七人。这份敕书是吊慰异牟寻丧逝的，爨何栋应是异牟寻时代就已任清平官。

爨泰

南诏末年的爨氏后裔。正德《云南志》、《滇略》卷六说杜光庭避居南诏，死后是学士爨泰将其葬在苍山玉局峰麓，还仿佛教法度，为其建了一座庙。应是来自大理一带的民间传说。故事真假不得而知，但爨泰当有其人。

爨判

大理国时期的爨氏后裔。据称是大理国王段思平之舅。《南诏野史》说段思平被杨干贞追捕，曾到爨判处躲避。段思平后来起事，反杨干贞，建大理国，都受爨判的大力支持，所以，大理建国后，就封他做了巴甸侯。巴甸在今建水一带。通海、建水一带，地方史志记载很多与爨判相关的传说和遗迹。

寸升

元、明之前的爨氏后裔。鹤庆县海北坪西北山麓，有寸升墓碑。碑立于永乐九年。碑称寸升是爨深、爨龙颜后裔，寸是爨之讹变。还说寸升是大理国时期的布燮（宰相）寸宗的六世孙，还列了传承世系。其人为元末明初人。

四部叢刊 唐丞相曲江張先生文集

勅安南首領爨仁哲書

勅安南首領歸州刺史爨仁哲潘州刺史潘明威獠子首領阿迣和蠻大鬼主孟谷悞姚州首領左威衛

四部叢刊 唐丞相曲江張先生文集

將軍爨彦徵將軍昆州刺史爨嗣紹黎州刺史爨曾戎州首領右監門衛大將軍南州刺史爨歸王南寧州司馬威州刺史都大鬼主爨崇道昇麻縣令孟躭卿等雖在僻遠各有部落俱屬國家並識王化比者時有背叛似是生梗及其審察亦有事由或都府不平處置有失或朋讐相嫌經營損害旣無控告自不安寧兵戈相防亦不足深怪也然則旣漸風化亦當頗革蠻俗有須陳請何不奏聞蕃中事宜可具言也今故令掖庭令安道訓往彼宣問並令口具有穩便可一一奏聞秋中已凉卿及百姓並平安好遣書指

四部丛刊列印本《唐丞相曲江张先生文集》之《敕安南首领爨仁哲书》页面。

附录

爨氏历史要事年表

三国

公元 223 年

建兴三年诸葛亮平定南中，爨习与孟琰、孟获等人一起，被带到成都为官。爨习的职务有领军、行参军偏将军等。建安十九年之前任益州建伶县令，曾有违法行为，但益州太守董和因为他家是当地大姓，不敢处理。大姓爨氏之名由此出现的历史舞台，爨习也成了最早见于记载的南中大姓爨氏历史人物。

公元 264 年

咸熙元年，因吕兴杀太守来投靠魏，魏授其为安南将军。建宁人爨谷被任命为交趾太守，率大姓部曲南下，计划接收。工作进展还算顺利，但爨谷到交趾不久就病故了。

公元 273 年

因后援不继，大姓南征失败。牙门将爨熊、李松、孟干等人被俘。泰始九年，孟干自吴逃返洛阳，爨熊、李松被杀。

晋

公元 314 年

爨量与益州太守李遏、梁水太守董慬，起兵保兴古盘南等地，与李雄联络，反抗宁州刺史王逊暴政。

公元 323 年

太宁元年，大姓爨琛与姚岳率军大败来犯的成汉军于堂狼（今巧家县一带）。

公元 325 年

明帝太宁三年新任宁州刺史尹奉募人刺杀爨量，并招降李遏。

公元 333 年

咸和八年，以力不能敌，宁州刺史尹奉、朱提太守董炳、建宁太守霍彪与大姓爨琛皆降李成。

公元 334 年

成帝咸和九年，李雄分宁州置交州，以霍彪为宁州刺史，爨深为交州刺史。

公元 339 年 3 月

李汉建宁太守孟彦执宁州刺史霍彪降东晋，霍氏在南中的势力瓦解。

公元 405 年

爨頠为宁州刺史。爨宝子碑立。

南北朝

公元 441 年

南朝宋元嘉十八年，晋宁太守爨松子反，被宁州刺史徐循讨平。

元 458 年

太明二年爨龙颜碑立。

公元 514 年——公元 516 年间

爨云任北魏的骠骑大将军、开时仪同三司、南宁州刺史，封同乐郡侯。

公元 537 年

梁武帝大同三年，武陵王萧纪通建宁，以爨瓒为南宁州刺史。

公元 548 年

太清二年，以侯景之乱，梁持节督宁州刺史徐文盛率数万人回内地勤王，内地政府在宁州地区的实际控制结束，形成爨氏独大的局面。

公元 553 年

梁元帝承圣二年，爨瓒以其地降北周，北周遥授其南宁州刺史。

公元 580 年

北周宣帝大象二年，梁睿建议派兵攻取爨瓒子爨震为首的爨氏南宁州地区。

隋

公元 581 年后

隋开皇初，爨瓒子爨翫遣使朝贡，命韦世冲以兵戍之，置恭州、协州、昆州。

公元 597 年

开皇十七年，史万岁率军击爨翫。

公元 598 年

开皇十八年，蜀王杨秀派兵南下，掳爨翫及家人入朝。爨翫被隋文帝杨坚所杀。

唐

公元 618 年

武德元年，爨翫子爨宏达被唐朝任命为昆州刺史，还让其运父亲的尸骨还家乡安葬。

公元 620 年

武德三年，西爨（爨宏达）来贡方物。

公元 688 年

垂拱四年，蛮郎将王善宝、昆州刺史爨乾福又请置姚州。

公元 713 年

爨归王任南宁州都督。

公元 733 年年—736 年间

开元二十四年前，唐玄宗发《敕爨仁哲书》，调解爨氏内部矛盾。

公元 736 年—741 年间

爨归王袭杀孟氏父子，夺升麻川。

公元 739 年—746 年间

开元二十七年章仇兼琼任剑南节度后，派越嶲都督竹灵倩在安宁筑城，被爨氏家族合力击杀。

公元746——748年间

天宝五年后，爨崇道杀爨归王、爨日进，爨氏内乱。应爨归王妻阿咤请求，南诏皮罗阁上报中央同意，先进行调解。让爨归王子爨守隅，继任为南宁州都督。为笼络计，皮罗阁以一女嫁爨守隅，又以一女嫁崇道子爨辅朝。不久，爨崇道又去打爨守隅母子，皮罗阁再度出兵，消灭爨崇道势力，爨辅朝也被杀。

公元748年

阁罗凤继任为南诏。

公元751年

天宝十年，鲜于仲通率8万大军，由今昭通一带南下，过爨区，向西进攻南诏，大败。

公元754年

天宝十三年，李宓、何履光等再次进攻南诏，又大败。

公元755年

天宝十四年，安史之乱爆发，唐再无力顾及南诏，南诏除随同吐蕃攻唐外，也着力整顿内部事务。

公元763年

赞普锺十二年冬，阁罗凤亲自到昆川（今昆明一带），布置处理原爨氏区域及周围地区事务。

公元764年

赞普锺十四年春，阁罗凤命长子凤迦异于昆川置柘东城，以副诏的身份坐镇东方。爨守偶和妻子被带回河赕(今大理一带)居住，很多爨氏家族人口被强行外迁永昌等地。爨氏残余势力被彻底瓦解。称雄西南数百年的爨氏退出历史舞台。

后裔活动

公元 780 年

德宗建中元年七月，东爨乌蛮守愈等遣使朝贡。[123]

公元 786 年

贞元二年，大唐节度副使开府仪同三司兼太常卿南宁一十四州都督袭南宁郡王爨守忠去逝，享年 48 岁。

公元 808 年

唐宪宗李纯发《敕南诏国清平官书》，是吊慰异牟寻逝世，并册立新君寻阁劝的。提到的清平官有爨何栋，说明在异牟寻时代，有爨氏后裔在南诏为高官。

公元 902 年

后晋天复二年，段思平建大理国，段思平舅爨判以功被封巴甸侯。

公元 933 年

爨泰葬杜光庭，并为其立祠。

公元 1411 年

永乐九年，寸升碑立。

注释

① 参见：邱宣充主编《云南名胜古迹辞典》，云南科技出版社，1999 年 1 月，95 页。方国瑜《附说爨宝子碑》，此据方国瑜主编《云南史料丛刊（第 1 卷）》，云南人民出版社，1990 年 4 月，417 页—419 页。

② 参见：邱宣充主编《云南名胜古迹辞典》，云南科技出版社，1999 年 1 月，120 页—121 页。方国瑜《爨龙颜碑概说》，此据方国瑜主编《云南史料丛刊（第 1 卷）》，云南人民出版社，1990 年 4 月，398 页—405 页。

③ 孙太初《云南古代石刻丛考》，文物出版社，1983 年 12 月，5 页。

④ 王跃勇《拨开历史的迷雾——爨文化的昨天、今天、明天》，见林超民、王跃勇主编《南中大姓与爨氏家族研究》，民族出版社，2002 年 9 月，8 页—11 页。

⑤ 方国瑜《附说爨宝子碑》，此据方国瑜主编《云南史料丛刊（第 1 卷）》，云南人民出版社，1990 年 4 月，417 页—419 页。

⑥ 方国瑜《爨龙颜碑概说》，此据方国瑜主编《云南史料丛刊（第 1 卷）》，云南人民出版社，1990 年 4 月，398 页—

405 页。

⑦ 方国瑜《滇东地区爨氏始末》，见方国瑜著 林超民编《方国瑜文集（第一辑）》，云南教育出版社，2001 年 8 月，458 页——501 页。

⑧ 方国瑜《滇东地区爨氏始末》，见方国瑜著 林超民编《方国瑜文集（第一辑）》，云南教育出版社，2001 年 8 月，458 页—501 页。

⑨ 蒋志龙《滇国探秘——石寨山文化的新发现》，云南教育出版社，2002 年 4 月，243 页。

⑩ 《太平御览》卷八九七引。

⑪ 孙太初《云南“梁堆”墓之研究》，载云南省博物馆编《云南铁器时代文化论》，云南人民出版社，1992 年 10 月。

⑫ 孙太初《云南“梁堆”墓之研究》，载云南省博物馆编《云南铁器时代文化论》，云南人民出版社，1992 年 10 月。

⑬ 范利军《论“爨”与中原文化的关系》，见范建华编《爨文化论》，云南大学出版社，1991 年 6 月，137 页。

⑭ 参见孙太初《云南“梁堆”墓之研究》，载云南省博物馆编《云南铁器时代文化论》，云南人民出版社，1992 年 10 月。

⑮ 参见孙太初《云南“梁堆”墓之研究》，载云南省博物馆编《云南铁器时代文化论》，云南人民出版社，1992 年 10 月。

⑯ 《三国志·蜀书·诸葛亮传》注引。

⑰ 《汉书·西南夷列传》。

⑱ 《三国志·吕凯传》注引孙盛《蜀世谱》。

⑲ 《资治通鉴》卷八十五。

⑳ 《水经注》卷四引。

㉑ 毕节地区性彝翻译组编王继超、王子国翻译 毕节地区民族宗教事务局审定《彝族源流（第二十四～二十七卷）》，贵州民族出版社，1998 年 9 月，133 页。

㉒ 毕节地区性彝翻译组编王继超王子国翻译毕节地区民族宗教事务局审定《彝族源流（第二十四～二十七卷）》，贵州民族出版社，1998 年 9 月，11 页及 23 页注。

㉓ 《彝族源流》译者王继超言。

㉔ 郑张尚芳《上古音系》，上海教育出版社，2003 年 12 月，337 页、286 页。

㉕ 比勒·禄阿兹《蒙自彝族历史文化》，云南民族出版社，2006 年 12 月，188 页。

㉖ 《中国文物地图集·云南分册》，云南科技出版社，2001 年 3 月。

㉗ 方国瑜《中国西南历史地理考释》，中华书局，1987 年 10 月，353 页。

㉘ 《太平御览》卷七九一引。

㉙ 石林彝族自治县民族宗教事务局编《彝族撒尼祭祀词译疏》，云南民族出版社，1999 年 12 月，27 页注。

㉚ 云南省少数民族古籍整理规划办公室编《普兹楠兹——彝族祭祀词》，云南民族出版社，1986 年 11 月，15 页注。

㉛ 郑张尚芳《上古音系》，上海教育出版社，2003 年 12 月，507 页。

㉜ 方国瑜《中国西南历史地理考释》，中华书局，1987 年 10 月，574 页。

㉝ 参见滇川黔桂彝文协作组编《滇川黔桂彝文字典》，

云南民族出版社，2001年2月，239页。

㉞ 参见云南省少数民族古籍整理出版规划办公室编《祭龙经》，云南民族出版社，1999年11月，106页。

㉟ 杨六金《滇南彝族尼苏迁徙史》，云南民族出版社，2006年3月，40页—45页。

㊱ 云南省少数民族古籍整理出版规划办公室编《祭龙经》，云南民族出版社，1999年11月，118页。

㊲ 云南省少数民族古籍整理出版规划办公室编《裴妥梅妮·苏嫫》，云南民族出版社，1991年6月，16页。

㊳ 滇川黔桂彝文协作组编《滇川黔桂彝文字典》，云南民族出版社，2001年2月，148页。

㊴ 方国瑜《读伯希和交广印度两道考》，见《方国瑜文集（第4辑）》，云南教育出版社，2001年8月，第370页——第383页。

㊵ 滇川黔桂彝文协作组编《滇川黔桂彝文字典》，云南民族出版社，2001年2月，219页。

㊶ 云南省少数民族古籍整理出版规划办公室编《祭龙经》，云南民族出版社，1999年11月，194页。

㊷ 滇川黔桂彝文协作组编《滇川黔桂彝文字典》，云南民族出版社，2001年2月，219页。

㊸ 云南省玉溪地区民族事务委员会编《尼租谱系》，云南民族出版社，1989年8月，357页。

㊹ 禄劝彝族苗族自治县志编纂委员会编《禄劝彝族苗族自治县志》，云南人民出版社，1995年8月，860页、872页。

㊺ 云南省少数民族古籍整理出版规划办公室编《祭龙

经》，云南民族出版社，1999 年 11 月，106 页。

㊻ 参见滇川黔桂彝文协作组编《滇川黔桂彝文字典》，云南民族出版社、四川民族出版社、贵州民族出版社，2001 年 2 月，383 页。

㊼ 郑张尚芳《上古音系》，上海教育出版社，2003 年 12 月，383 页。

㊽ 云南省少数民族古籍整理出版规划办公室编《赊榷濮·叙祖白》，云南民族出版社，1987 年 11 月，64 页。

㊾ 云南省少数民族古籍整理出版规划办公室编《裴妥梅妮·苏嫫》，云南民族出版社，1991 年 6 月，47 页。

㊿ 参见方国瑜《汉晋时期在云南的汉族移民》，见方国瑜著 林超民编《方国瑜文集（第 1 集）》，云南教育出版社 ,2001 年 8 月 , 第 303 页——354 页。

51 方国瑜《南中地方势力与蜀汉统治之争夺及相互利用》，见方国瑜著 林超民编《方国瑜文集（第一辑）》，云南教育出版社，2001 年 8 月，390 页—408 页。

52 方国瑜《中国西南历史地理考释》，中华书局，1987 年 10 月，295 页。

53 见毕节地区彝文翻译组译 毕节地区民族事务委员会编《彝族源流（九～十二卷）》，贵州民族出版社，1992 年 10 月，160 页—161 页。

54 见毕节地区彝文翻译组译 毕节地区民族事务委员会审定《西南彝志（7 ～ 8）》，贵州民族出版社，1994 年 6 月，412 页—413 页。

55 见毕节地区彝文翻译组王继超、王子国翻译 毕节地

区民族事务委员会 审定《彝族源流（二十一～二十三卷）》，贵州民族出版社，1997年3月，240页——241页。

(56) 见毕节地区彝文翻译组王继超、王子国翻译 毕节地区民族事务委员会 审定《彝族源流（二十四～二十七卷）》，贵州民族出版社，1998年9月，487页——488页。

(57) 见毕节地区彝文翻译组王继超、王子国翻译 毕节地区民族事务委员会 审定《彝族源流（二十一～二十三卷）》，贵州民族出版社，1997年3月，320页——324页。

(58) 见毕节地区彝文翻译组王继超、王子国翻译 毕节地区民族事务委员会 审定《彝族源流（二十一～二十三卷）》，贵州民族出版社，1997年3月，337页——338页。

(59) 见毕节地区彝文翻译组王继超、王子国翻译 毕节地区民族事务委员会 审定《彝族源流（二十一～二十三卷）》，贵州民族出版社，1997年3月，397页——398页。

(60) 见毕节地区彝文翻译组王继超、王子国翻译 毕节地区民族事务委员会 审定《彝族源流（二十一～二十三卷）》，贵州民族出版社，1997年3月，380页。

(61) 阿着仇也译阿朱提、阿卓赤、阿着仇、阿招侪等，都是同音异译。

(62) 蒙默《试论汉代西南民族中的夷与羌》，载《历史研究》，1985年第1期。

(63) 主要有如下几条："谈稾县，有濮、僚。""伶丘县，主僚。""兴古郡……多鸠僚、濮，特有瘴气。"

(64) 李永燧《关于苗瑶族的自称——兼说"蛮"》，《民族语文》1983年第6期。

⑥⑤ 方国瑜文《汉晋时期在云南的汉族移民》，见方国瑜著 林赵民编《方国瑜文集（第一辑）》，云南教育出版社，2001年8月，344页。

⑥⑥ 《三国志·蜀志·杨戏传》载所著《季汉辅臣赞·李德昂（即李恢）赞》云："广迁蛮濮，国用用强。"是称于西南最早者，但杨戏是为行文工对而改，不同后之称蛮。

⑥⑦ 方国瑜《樊绰云南志概说》，见（唐）樊绰撰 向达原校 木芹补注《云南志补注》，云南人民出版社，1995年12月，2页。

⑥⑧ 任乃强《华阳国志校补图注》，上海古籍出版社，1987年7月，302页。

⑥⑨ 方国瑜《中国西南历史地理考释》，中华书局，1987年10月，245页。

⑦⓪ 方国瑜《中国西南历史地理考释》，中华书局，1987年10月，246页。

⑦① 方国瑜《中国西南历史地理考释》，中华书局，1987年10月，250页。

⑦② 方国瑜《中国西南历史地理考释》，中华书局，1987年10月，296页。

⑦③ 参方国瑜《中国西南历史地理考释》，中华书局，1987年10月，260页。

⑦④ 沈兼士主编《广韵声系》，中华书局，1985年8月，265页。

⑦⑤ 禄劝彝族苗族自治县志编纂委员会编《禄劝彝族苗族自治县志》，云南人民出版社，1995年8月，736页。

(76) 方国瑜《彝族史稿》，四川民族出版社，1984年3月，145页。

(77) 方国瑜《中国西南历史地理考释》，中华书局，1987年10月，295页。

(78) （法）伯希和著冯承钧译《郑和下西洋考·交广印度两道考》，中华书局，2003年6月，188页。

(79) 方国瑜《步头之方位》，见方国瑜著 林超民编《方国瑜文集(第二辑)》，云南教育出版社，2001年8月，669页——684页。

(80) 方国瑜《中国西南历史地理考释》，中华书局，1987年10月，574页。

(81) 见《隋书·史万岁传》。

(82) 见《全唐文》卷四二三。

(83) 见明人谢肇淛《滇略》卷六，《滇略》卷八及正德《云南志》都记载此事，只是更简略。

(84) 云南省编辑组编《白族社会历史调查（四）》，云南人民出版社，1991年4月，142页——143页。

(85) 荣远大《成都唐代爨守忠墓志考释》，载林超民、王跃勇主编《南中大姓与爨氏家族研究》，民族出版社，2002年9月，156——161页。

(86) 通海县史志工作委员会编纂《通海县志》，云南人民出版社，1992年11月，694页。

(87) 《故大掾李公同室李氏墓志铭》，见段金录、张锡禄主编《大理历代名碑》，云南民族出版社，2000年3月，242页。

(88) 《大明一统志》卷八十六。正德《云南志》卷四也载。

⑧⑨ 《大明一统志》卷八十六。正德《云南志》卷四也载。

⑨⓪ 《读史方舆纪要》卷一百十五。

⑨① 《大明一统志》卷八十六。

⑨② 《滇略》卷二。

⑨③ 《读史方舆纪要》卷一百十五。

⑨④ 建水县人民政府编《云南省建水县地名志》(内部印)，1992年12月，187页。

⑨⑤ 腾冲县人民政府编《腾冲县地名志》（内部印），1982年8月，106页。

⑨⑥ 腾冲县人民政府编《腾冲县地名志》（内部印），1982年8月，109页。

⑨⑦ 腾冲县人民政府编《腾冲县地名志》（内部印），1982年8月，105页。

⑨⑧ 腾冲县人民政府编《腾冲县地名志》（内部印），1982年8月，52页。

⑨⑨ (清)屠述濂修 文明元 马勇点校《云南腾越州志点校》，云南出版集团 云南美术出版社，2006年8月，92页。

⑩⓪ (清)屠述濂修 文明元 马勇点校《云南腾越州志点校》，云南出版集团 云南美术出版社，2006年8月，92页。

⑩① (清)屠述濂修 文明元 马勇点校《云南腾越州志点校》，云南出版集团 云南美术出版社，2006年8月，134页。

⑩② (清)屠述濂修 文明元 马勇点校《云南腾越州志点校》，云南出版集团 云南美术出版社，2006年8月，30页。

⑩③ 杨发恩主编《中国魅力名镇和顺·人文卷》，云南教育出版社，2005年12月，319页——320页。

⑩④ 寸丽香、寸丽元《民家映象》，军事科学出版社，2007年1月。

⑩⑤ 剑川县人民政府编《云南省剑川县地名志》（内部印），1988年1月，112页。

⑩⑥ 腾冲县人民政府编《腾冲县地名志》（内部印），1982年8月，14页。

⑩⑦ 剑川县人民政府编《云南省剑川县地名志》（内部印），1988年1月，108页。

⑩⑧ 大理市人民政府编《云南省大理市地名志》（内部印），1990年11月，30页。

⑩⑨ 剑川县人民政府编《云南省剑川县地名志》（内部印），1988年1月，112页。

⑪⓪ 杨发恩主编《中国魅力名镇和顺·人文卷》，云南教育出版社，2005年12月，275页—276页。

⑪① 张旭《南诏西洱河蛮及其子孙》，见张旭《大理白族史探索》，云南人民出版社，1990年3月，81页——101页。

⑪② 见段金录 张锡禄主编《大理历代名碑》，云南民族出版社，2000年3月，139页、117页、287页。

⑪③ （唐）樊绰撰 向达原校 木芹补注《云南志补注》，云南人民出版社，1995年12月，33页。

⑪④ 参见赵橹《白文〈山花碑〉释译》，云南民族出版社，1988年11月，36页第五句说明。参见邓立木《撒梅人的西波教》，《云南民族学院学报》，1985年第3期；章天柱《鹤庆西山黑话人的“西波”教》，《大理文化》2012年第11期。

⑪⑤ 参见邓立木《撒梅人的西波教》，《云南民族学院学报》，

1985年第3期；章天柱《鹤庆西山黑话人的“西波”教》，《大理文化》2012年第11期。

⑯ 参见田怀清《宋、元、明时期的白族人名与佛教》,《云南民族学院学报》，2002年第1期。

⑰ 见段金录 张锡禄主编《大理历代名碑》，云南民族出版社，2000年3月，88页、143页、195页、210页、274页、300页、416页。

⑱ 见段金录 张锡禄主编《大理历代名碑》，云南民族出版社，2000年3月，120页、136页。

⑲ 见段金录 张锡禄主编《大理历代名碑》，云南民族出版社，2000年3月，248页。

⑳ 见段金录 张锡禄主编《大理历代名碑》，云南民族出版社，2000年3月，143页、177页。

㉑ 见段金录 张锡禄主编《大理历代名碑》，云南民族出版社，2000年3月，217页、260页、274页、290页、293页

㉒ 《新唐书·两爨传》说爨宏达死后，爨归王为南宁州都督，但爨宏达随其父爨翫入隋朝，即便时年二十岁，至显庆年间已八十岁。若归王此时继宏达，假定为二十岁，至天宝初年已逾百岁。若以爨归王为爨宏达子,世系明显不合。《新唐书·两爨传》记述不全，中间缺若干代，未必不可能。《爨守忠碑》刚好补了缺漏，但也没有交待其与爨弘达的关系。

㉓ 《册府元龟》载德宗建中元年七月，东爨乌蛮守愈等遣使朝贡。有人将守愈当作爨守隅，认为是爨氏后裔入朝。爨氏不称东爨，也不称乌蛮，且爨守隅已到南诏首都地区居住，没有独立势力，不能派人入贡，应与其无关。因有人提出，故列以备考。